15분 집중의 힘
1등 하는 **공부 습관**

용선생 15분 세계사 독해

2권

중세 편

사회평론

용선생 15분 세계사 독해 구성과 활용

안녕! '용쓴다, 용써!' 용선생이야.
독해 실력이 좋아야 공부를 잘할 수 있다는 것, 잘 알고 있지?
독해력은 하루아침에 길러지지 않아. 매일 꾸준히 갈고닦아야 해.
선생님이랑 이번에는 세계사 이야기를 함께 읽어볼 거야.
날마다 한 편씩 세계사 인물과 사건 이야기를 읽고 문제를 풀다 보면
독해력은 물론 어휘력도 길러지고 세계사 실력도 자랄 거야.
자, 그럼 세계사 독해를 시작해 볼까?

1 날마다 세계사 인물 이야기 읽기!

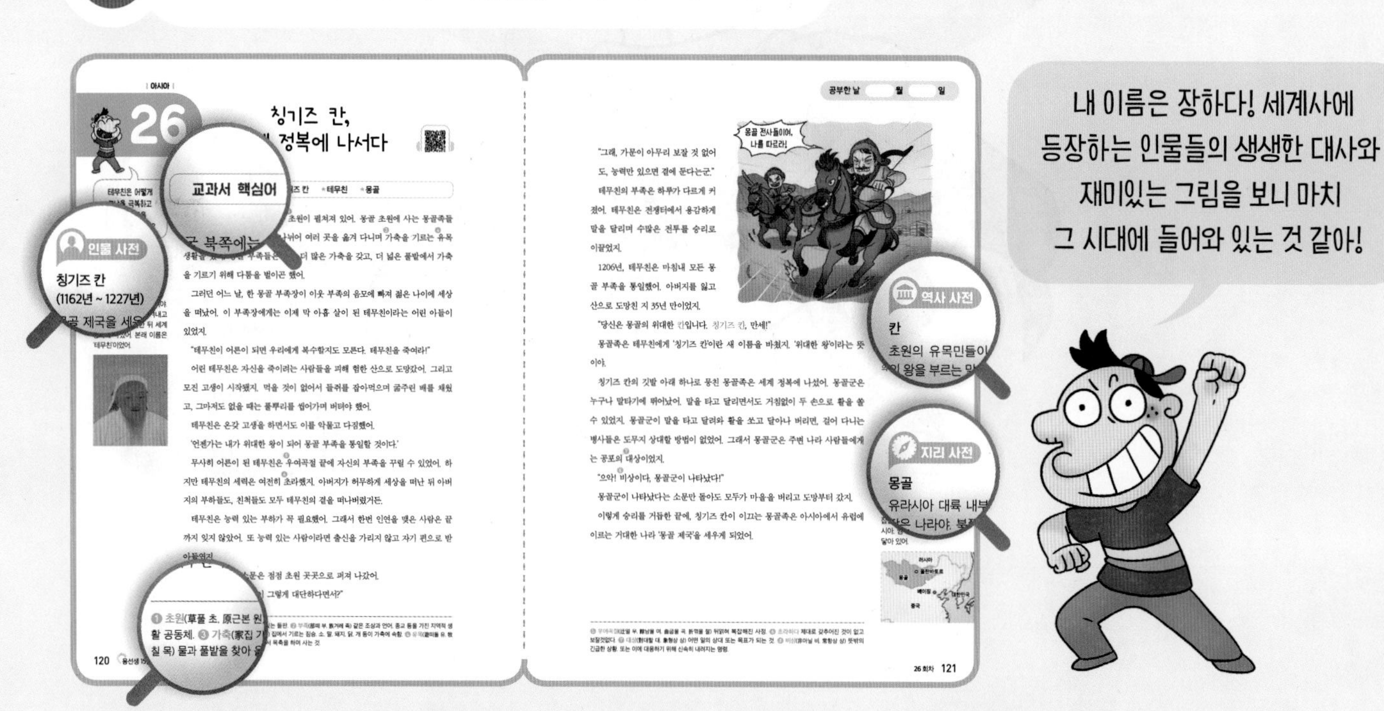

세계사 필수 인물들의 재미난 이야기를 읽어 볼 거야. 중학교 역사 교과서에 나오는 **교과서 핵심어**를 정리해 두었으니 이것만은 꼭 알아두자! 인물 사전 을 보면 해당 인물에 대해 더 자세히 알 수 있어. 중요한 역사 용어는 역사 사전 을 통해 꼼꼼히 살펴보자! 낯선 지역은 지리 사전 을 보며 어디인지 확인해 봐! 지문 속 숫자가 표시된 낱말은 지문 아래 **어휘 풀이**를 보면 정확한 뜻을 알 수 있어.

2 **독해 학습**으로 세계사 다지고, **어휘 학습**으로 어휘력 키우기!

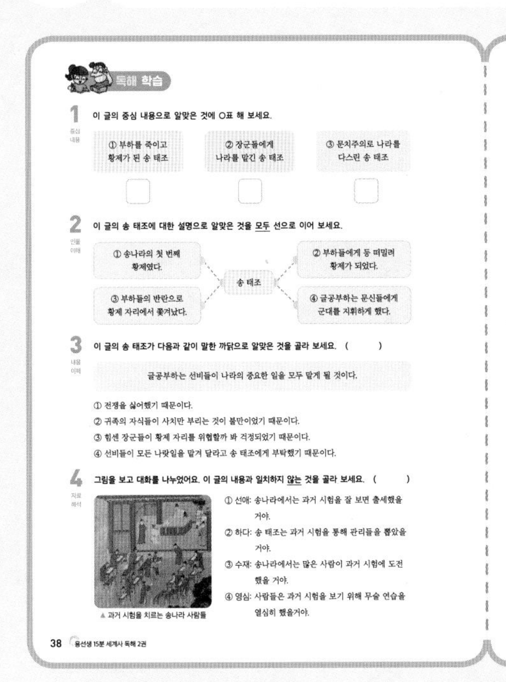
독해 학습

1 이 글의 중심 내용으로 알맞은 것에 ○표 해 보세요.

① 부하를 죽이고 황제가 된 송 태조 ② 장군들에게 나라를 맡긴 송 태조 ③ 문치주의로 나라를 다스린 송 태조

2 이 글의 송 태조에 대한 설명으로 알맞은 것을 모두 선으로 이어 보세요.

송 태조 — ① 송나라의 첫 번째 황제였다. ② 부하들에게 등 떠밀려 황제가 되었다. ③ 부하들의 반란으로 황제 자리에서 쫓겨났다. ④ 글공부하는 문신들에게 군대를 지휘하게 했다.

3 이 글의 송 태조가 다음과 같이 말한 까닭으로 알맞은 것을 골라 보세요. ( )

글공부하는 선비들이 나라의 중요한 일을 모두 맡게 될 것이다.

① 전쟁을 싫어했기 때문이다.
② 귀족의 자식들이 사치만 부리는 것이 불만이었기 때문이다.
③ 힘센 장군들이 황제 자리를 위협할까 봐 걱정되었기 때문이다.
④ 선비들이 모든 나랏일을 맡게 달라고 송 태조에게 부탁했기 때문이다.

4 그림을 보고 대화를 나누었어요. 이 글의 내용과 일치하지 않는 것을 골라 보세요. ( )

① 선애: 송나라에서는 과거 시험을 잘 보면 출세했을 거야.
② 하다: 송 태조는 과거 시험을 통해 관리들을 뽑았을 거야.
③ 수재: 송나라에서는 많은 사람이 과거 시험에 도전했을 거야.
④ 영심: 사람들은 과거 시험을 보기 위해 무술 연습을 열심히 했을 거야.

▲ 과거 시험을 치르는 송나라 사람들

38 용선생 15분 세계사 독해 2권

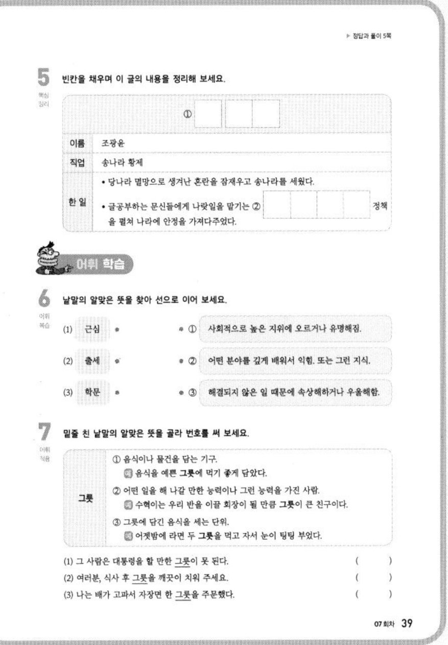
▶ 정답과 풀이 5쪽

5 빈칸을 채우며 이 글의 내용을 정리해 보세요.

이름	조광윤
직업	송나라 황제
한 일	• 당나라 멸망으로 생겨난 혼란을 잠재우고 송나라를 세웠다. • 글공부하는 문신들에게 나랏일을 맡기는 ② [ ] 정책을 펼쳐 나라에 안정을 가져다주었다.

어휘 학습

6 낱말의 알맞은 뜻을 찾아 선으로 이어 보세요.

(1) 근심 • • ① 사회적으로 높은 지위에 오르거나 유명해짐.
(2) 출세 • • ② 어떤 분야를 깊게 배워서 익힘. 또는 그런 지식.
(3) 학문 • • ③ 해결되지 않은 일 때문에 속상해하거나 우울해함.

7 밑줄 친 낱말의 알맞은 뜻을 골라 번호를 써 보세요.

그릇
① 음식이나 물건을 담는 기구.
예 음식을 예쁜 그릇에 먹기 좋게 담았다.
② 어떤 일을 해 나갈 만한 능력이나 그런 능력을 가진 사람.
예 수혁이는 우리 반을 이끌 회장이 될 만큼 그릇이 큰 친구이다.
③ 그릇에 담긴 음식을 세는 단위.
예 어젯밤에 라면 두 그릇을 먹고 자서 눈이 퉁퉁 부었다.

(1) 그 사람은 대통령을 할 만한 그릇이 못 된다. ( )
(2) 여러분, 식사 후 그릇을 깨끗이 치워 주세요. ( )
(3) 나는 배가 고파서 자장면 한 그릇을 주문했다. ( )

07 회차 39

안녕, 난 나선애야!
다양한 유형의 문제를
풀다 보면 교과서 핵심어가
머릿속에 쏙쏙 남아!

문제를 풀면서 내용을 확인해 보자. 중심 내용 찾기, 인물 이해, 지도 읽기, 자료 해석, 핵심 정리 등 **다양한 유형의 문제**를 풀다 보면 **교과서 핵심어가 머릿속에 깊이** 새겨질 거야. 마지막 어휘 학습 문제를 풀며 독해 필수 어휘도 복습해 보자. **독해의 기초인 어휘력이 쑥쑥** 자랄 거야.

후훗, 난 왕수재! 나처럼
독해 박사가 되고 싶은 친구는
어휘 학습 문제도 꼭 풀어 봐!

3 **재미난 퀴즈**로 복습하기!

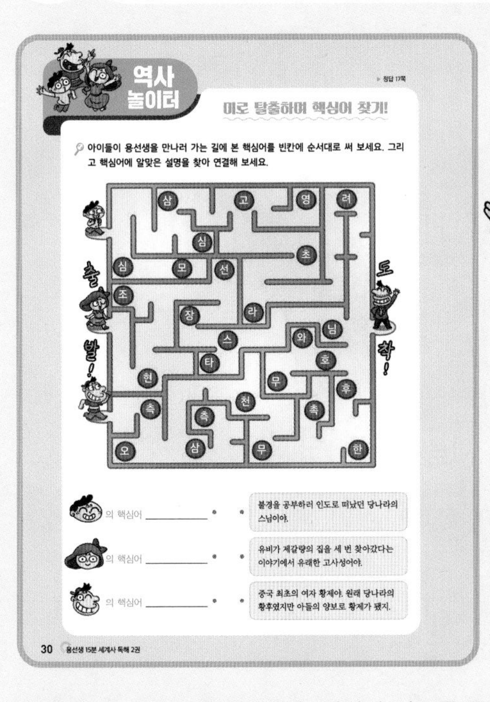
역사 놀이터

▶ 정답 17쪽

미로 탈출하며 핵심어 찾기!

아이들이 용선생을 만나러 가는 길에 본 핵심어를 빈칸에 순서대로 써 보세요. 그리고 핵심어에 알맞은 설명을 찾아 연결해 보세요.

의 핵심어 ________ • • 불경을 공부하러 인도로 떠났던 당나라의 스님이야.
의 핵심어 ________ • • 유비가 제갈량의 집을 세 번 찾아갔다는 이야기에서 유래한 고사성어야.
의 핵심어 ________ • • 중국 최초의 여자 황제야. 원래 당나라의 황후였지만 아들의 양보로 황제가 됐지.

30 용선생 15분 세계사 독해 2권

나는 곽두기야!
나랑 같이 역사 놀이터에서
놀며 핵심어를 정리해 보자!

한 주 동안 공부한 핵심어들을 재미난 퀴즈를 풀며 떠올려 보자. **역사 놀이터**에서 핵심어로 보물 상자 찾기 등을 하며 읽은 내용을 **재미있게 복습**할 수 있어.

인물 이야기를 **음원**으로 듣기!

나는 허영심!
QR 코드를 검색해 세계사
인물 이야기를 들어 봐!

전문 성우들이 세계사 인물 이야기를 실감나게 들려줄 거야! **듣기만 해도 세계사가 머릿속에 쏙쏙** 들어올걸?

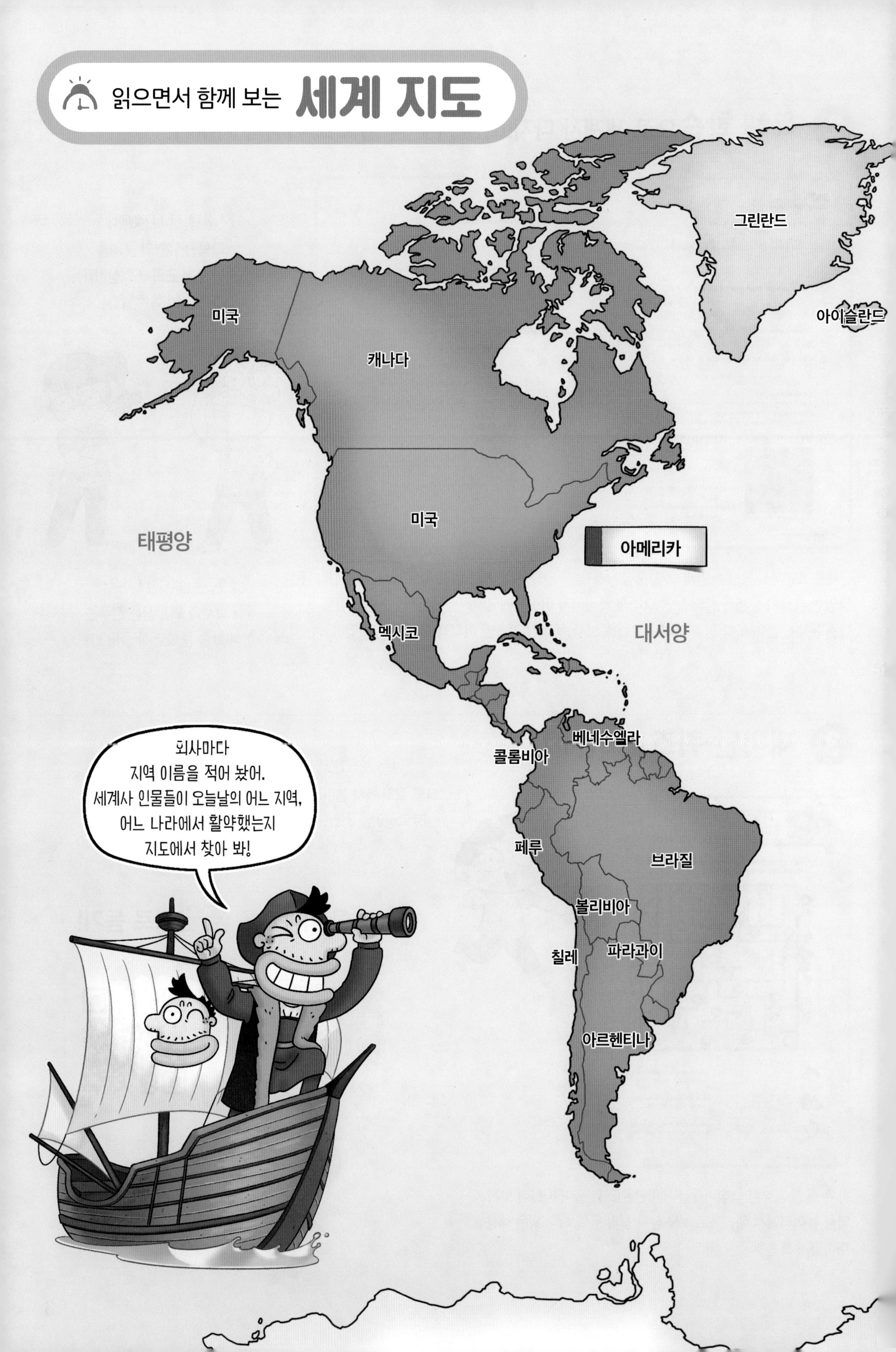
읽으면서 함께 보는 세계 지도
그린란드
아이슬란드
미국
캐나다
미국
태평양
아메리카
멕시코
대서양
베네수엘라
콜롬비아
페루
브라질
볼리비아
칠레
파라과이
아르헨티나
뫼사마다
지역 이름을 적어 놨어.
세계사 인물들이 오늘날의 어느 지역,
어느 나라에서 활약했는지
지도에서 찾아 봐!

• 이 지도는 현대 국가와 그 국가의 문화권을 기준으로 제작하였습니다.

용선생 15분 세계사 독해 차례

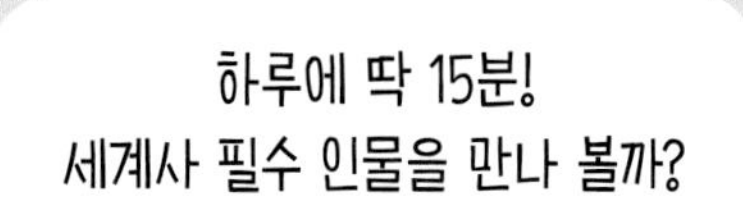
하루에 딱 15분!
세계사 필수 인물을 만나 볼까?

야호,
오늘은 어떤 인물이
기다릴까? 궁금해!

중국에 최초로 여자 황제가 등장했어.
여자가 어떻게 황제가 됐을지 궁금하지 않니?

1주

- 221년 유비, 촉나라를 세움
- 612년 살수 대첩
- 619년 수나라 멸망
- 626년 당 태종 즉위
- 627년 현장, 인도로 떠남
- 676년 신라, 삼국통일
- 690년 측천무후, 황제 즉위

회차	학습 내용	교과서 핵심어	교과 연계	학습 계획일
01	**유비**, 세 번의 정성 끝에 제갈량을 얻다	★ 유비 ★ 제갈량 ★ 촉나라 ★ 삼고초려	【중학 역사 I】 2. 세계 종교의 확산과 지역 문화의 형성 ② 동아시아 문화의 형성과 확산	월 일
02	욕심으로 나라를 무너뜨린 **수 양제**	★ 수 양제 ★ 수나라 ★ 대운하 ★ 고구려 원정	【중학 역사 I】 2. 세계 종교의 확산과 지역 문화의 형성 ② 동아시아 문화의 형성과 확산	월 일
03	**당 태종**, 형제를 죽이고 황제가 되다	★ 당 태종 ★ 당나라 ★ 장안	【중학 역사 I】 2. 세계 종교의 확산과 지역 문화의 형성 ② 동아시아 문화의 형성과 확산	월 일
04	**현장 스님**, 불경을 찾아 인도로 떠나다	★ 현장 스님 ★ 불교 ★ 인도 ★ 당나라	【중학 역사 I】 2. 세계 종교의 확산과 지역 문화의 형성 ② 동아시아 문화의 형성과 확산	월 일
05	**측천무후**, 중국 최초로 여자 황제가 되다	★ 측천무후 ★ 당나라 ★ 황제	【중학 역사 I】 2. 세계 종교의 확산과 지역 문화의 형성 ② 동아시아 문화의 형성과 확산	월 일
역사 놀이터	**미로 탈출하며 핵심어 찾기!**			

01 유비, 세 번의 정성 끝에 제갈량을 얻다

유비가 제갈량을 애타게 만나고 싶어 하는 이유가 뭘까?

유비
(161년 ~ 223년)

중국 한나라 말기에 활약했던 장군이야. 훗날 촉나라를 세우고 황제 자리에 올랐지.

교과서 핵심어	★유비	★제갈량	★촉나라	★삼고초려

중국 한나라 말, 중국은 큰 혼란에 빠졌어. 황제의 힘은 약해질 대로 약해졌고, 농민들의 잦은 반란으로 하루도 조용할 날이 없었지.

한나라의 장군이었던 유비는 어지러운 세상을 바로잡겠다고 마음먹었어. 오늘도 유비는 제갈량이라는 ❶선비의 집을 찾았지. 제갈량은 누구보다 뛰어나다고 소문난 ❷인재였거든. 유비는 인재를 얻으려고 이곳을 찾았던 거야.

"유비 님, 또 오셨군요. 제갈량 선생께서는 오늘도 집에 안 계십니다."

난처한 듯 고개를 푹 숙인 ❸하인의 말에 유비의 표정은 어두워졌어. 유비를 따라온 ❹의형제 관우와 장비도 잔뜩 얼굴을 구겼지.

"그깟 제갈량이 뭐라고 유비 형님이 두 번이나 여기까지 오신단 말입니까? 그냥 사람을 보내서 붙잡아 오면 되는 거 아닙니까!"

장비는 버럭 화를 냈어. 유비는 ❺인품이 훌륭하고 백성을 사랑하는 영웅으로 이름 높았지만, 제갈량은 그저 시골에 사는 젊은 선비일 뿐이었거든.

"그런 소리 말아라. 뛰어난 인재를 얻는 건 쉬운 일이 아닌 법이다."

얼마 뒤 유비는 제갈량이 집으로 돌아왔다는 소문을 들었어. 그래서 다시 급하게 제갈량의 집을 찾았지. 하인은 유비를 반갑게 맞이했어.

"오늘은 선생이 계십니다. 낮잠을 주무시는 중인데, 깨우겠습니다."

"아니네. 귀한 분의 단잠을 깨울 수 있나! 일어나실 때까지 기다리겠네."

유비는 두 손을 모은 채로 제갈량이 깰 때까지 문밖에 한참을 서 있었어. 뒤에서 그 모습을 바라보던 장비는 울화가 터질 것 같았지.

"내 당장 이 집구석을 다 태워버리겠소! 그럼 뜨거워서라도 나오지 않겠습니까?"

---

❶ 선비 벼슬을 하지 않고 학문에만 힘쓴 사람. ❷ 인재(人사람 인, 材재목 재) 어떤 일을 할 수 있는 지식이나 능력을 갖춘 사람. ❸ 하인(下아래 하, 人사람 인) 옛날에 남의 집에서 심부름을 하며 일하던 사람. ❹ 의형제(義옳을 의, 兄형 형, 弟아우 제) 친형제는 아니나, 서로 사귄 깊은 정으로 형제 관계를 맺은 것. 또는 그런 관계.

"장비, 네 이놈! 그만두지 못할까!"

관우가 다급하게 장비를 말렸어. 두 사람이 [6]옥신각신하는 소리에 마침내 제갈량이 잠에서 깨어났지. 제갈량은 문밖에 선 유비를 보고 몹시 당황해 하인을 꾸짖었어.

"아니, 손님이 오셨는데 어찌 날 깨우지 않았느냐?"

"하인을 탓하지 마십시오. 제가 선생의 잠을 방해하지 않겠다 했습니다. 제갈량 선생, 선생은 [7]식견이 남다르시다 들었습니다. 부디 저와 함께 큰 뜻을 펼쳐 주십시오!"

유비는 제갈량 앞에 무릎을 꿇기까지 했어. 제갈량은 유비의 정성에 감격했지.

"유비 님, 정말 감사합니다. 목숨을 바쳐 따르겠습니다!"

훗날 유비는 제갈량의 활약 덕분에 촉나라를 세우고 황제 자리에 오를 수 있었어.

이 이야기에서 [8]'삼고초려'라는 고사성어가 탄생했어. 유비가 제갈량의 초가집을 세 번 찾아갔다는 뜻이지. 인재를 얻으려면 참을성 있게 정성을 다해야 한다는 의미로 널리 쓰이는 말이야.

---

⑤ 인품(人사람 인, 品물건 품) 사람이 사람으로서 갖춘 타고난 성품이나 됨됨이. ⑥ 옥신각신 서로 맞다 틀리다 하며 다툼. ⑦ 식견(識알 식, 見볼 견) 보고 듣거나 배워서 얻은 지식으로 사물을 분별할 수 있는 능력. ⑧ 삼고초려(三석 삼, 顧돌아볼 고, 草풀 초, 廬독막 려) 인재를 맞아들이기 위하여 참을성 있게 노력함.

독해 학습

1 중심 내용

이 글의 중심 내용으로 알맞은 것에 ○표 해 보세요.

① 영웅으로 이름 높았던 제갈량	② 온갖 정성을 다해 인재를 얻은 유비	③ 의형제를 맺은 유비와 관우, 장비
☐	☐	☐

2 인물 이해

이 글의 인물들에 대한 설명으로 알맞은 것을 모두 선으로 이어 보세요.

(1) 유비 •

(2) 제갈량 •

• ① 시골에 살던 젊은 선비였다.
• ② 뛰어난 식견을 가진 인재였다.
• ③ 인재를 얻으려고 세 번이나 같은 곳을 찾았다.
• ④ 인품이 훌륭하고 백성을 사랑하는 마음이 컸다.

3 내용 이해

이 글의 내용과 일치하면 ○표, 일치하지 않으면 X표 해 보세요.

(1) 유비는 제갈량의 도움을 받아 촉나라를 세웠다. (　　)
(2) 유비는 어지러운 세상을 바로잡겠다고 마음먹었다. (　　)
(3) 기다림에 지친 장비는 제갈량의 집을 불태워 버렸다. (　　)
(4) 제갈량은 하인에게 누가 와도 자신을 깨우지 말라고 했다. (　　)

4 내용 적용

이 글을 연극으로 만들었어요. 각 인물의 대사로 알맞지 않은 것을 골라 보세요. (　　)

① 유비 역: 제갈량 선생, 나와 함께 큰 뜻을 펼쳐 주십시오!
② 하인 역: 여기가 어디라고 찾아온 것이오! 저리 썩 물러나시오!
③ 장비 역: 그깟 제갈량이 뭐라고 유비 형님이 직접 찾아가시는 거요?
④ 제갈량 역: 이렇게 세 번씩이나 찾아오시다니, 유비 님과 함께하겠습니다!

▶ 정답과 풀이 2쪽

5 빈칸을 채우며 이 글의 내용을 정리해 보세요.

핵심 정리

고사성어 ① □□□□

유래	② □□는 뛰어나다고 소문난 ③ □□□의 집을 세 번이나 방문했다. 유비의 정성에 감동한 제갈량은 마침내 뜻을 같이하기로 했다.
뜻	뛰어난 인재를 얻으려면 참을성 있게 정성을 다해야 한다.

어휘 학습

6 낱말의 알맞은 뜻을 찾아 선으로 이어 보세요.

어휘 복습

(1) 인재 •

(2) 식견 •

(3) 의형제 •

• ① 어떤 일을 할 수 있는 지식이나 능력을 갖춘 사람.

• ② 보고 듣거나 배워서 얻은 지식으로 사물을 분별할 수 있는 능력.

• ③ 친형제는 아니나, 서로 사귄 깊은 정으로 형제 관계를 맺는 것. 또는 그런 관계.

7 빈칸에 들어갈 알맞은 낱말을 보기에서 찾아 문장을 완성해 보세요.

어휘 적용

보기 선비 하인 인품 옥신각신 삼고초려

(1) 두 사람은 사소한 일로 ______________ 말다툼을 했다.
ㄴ 서로 맞다 틀리다 하며 다툼.

(2) 귀족들은 드넓은 땅을 가졌고, 수많은 ______________을 거느렸다.
ㄴ 옛날에 남의 집에서 심부름을 하며 일하던 사람.

(3) 우리 반 선생님은 ______________이 훌륭해 학생들의 존경을 받는다.
ㄴ 사람이 사람으로서 갖춘 타고난 성품이나 됨됨이.

욕심으로 나라를 무너뜨린 수 양제

수 양제는 얼마나 욕심이 많은 사람이었길래 나라를 망하게 만든 거지?

수 양제
(569년 ~ 618년)

수나라의 두 번째 황제야. 대운하 공사를 벌이는 등 백성을 괴롭히다가 반란이 일어나 황제 자리에서 쫓겨났어.

교과서 핵심어 | ★수 양제 ★수나라 ★대운하 ★고구려 원정

619년, 수나라가 중국을 다시 통일했어. 그런데 수나라의 두 번째 황제인 수 양제는 거만[1]하고 욕심도 많은 사람이었어.

"황제의 명령이다. 이제부터 대운하[2] 건설에 나설 것이니 백성들을 모두 동원[3]하도록 하라."

"폐하, 그렇게 큰 공사를 벌이면 백성들이 힘들어 할 것입니다."

"어허! 황제의 명령이다. 잔소리 말고 즉시 공사를 시작하라!"

대운하는 중국의 남과 북을 잇는 물길이야. 수 양제는 커다란 배도 띄울 수 있을 만큼 깊고 넓은 물길을 팔 생각이었어. 사람의 힘으로 커다란 강을 만드는 셈이었지. 그러면 중국 남부와 북부의 물건들을 배로 실어 나르면서 교류[4]를 더욱 활발히 할 수 있었거든.

하지만 대운하 공사는 너무 큰일이라서 일꾼이 수천만 명은 필요했어. 결국 수많은 백성이 공사장에 끌려 나왔지. 백성들은 험한 공사장에서 잠시도 쉬지 못하고 일에만 매달렸어.

"아이고, 이러다 다 죽겠네!"

"시끄럽다. 엄살 피우지 말고 부지런히 일해!"

백성들의 불만은 하루가 다르게 커져만 갔어. 하지만 수 양제는 그저 매일매일 호화로운 잔치를 벌이며 사치를 부리기에 바빴지. 4층짜리 유람선을 만들어 강에 띄우고, 중국 곳곳을 여행하며 가는 곳마다 백성들의 식량을 빼앗아 잔치를 열기도 했어.

그러던 어느 날, 수 양제는 화가 몹시 나서 소리를 고래고래 질렀어.

"건방진 고구려에게 본때를 보여줄 것이다. 대군을 출동시켜라!"

---

① **거만**(倨거만할 거, 慢게으를 만) 잘난 체하며 남을 업신여기는 데가 있음. ② **운하**(運옮길 운, 河강물 하) 배를 띄우거나 농사를 짓는 땅에 물을 대기 위해 육지에 파 놓은 물길. ③ **동원**(動움직일 동, 員인원 원) 사람이나 물건 같은 것을 한데 모으는 것. ④ **교류**(交사귈 교, 流흐를 류) 문화나 사상 등이 서로 오감.

수 양제는 주변 나라까지도 자기 마음대로 하려고 했어. 그런 수 양제에게 고구려는 매우 거슬리는 나라였지. 다른 나라들은 수나라에 조공을 바치며 고개를 숙였는데, 유독 고구려만 수나라에 고분고분[5]하지 않았거든.

수 양제는 고구려 원정[6]을 떠났어. 무려 백만이 넘는 수나라 백성들이 전쟁터로 끌려 갔지. 그런데 고구려는 수나라에 비하면 작은 나라였지만 결코 만만치 않은 강한 나라였어.

"우리 고구려를 얕잡아 봤다가는 큰 코 다치지!"

고구려의 장군이었던 을지문덕은 뛰어난 전술을 써서 수나라 군대를 상대로 용감무쌍[7]하게 싸웠어. 수나라 군사들은 맹렬히 공격해 오는 고구려 군사들을 이겨낼 수가 없었지.

결국 수나라는 고구려에게 크게 패배했어. 수많은 백성이 전쟁터에서 목숨을 잃고 말았지. 그러자 수나라 백성들의 불만은 폭발했어.

"더는 못 참는다. 황제를 죽여라!"

수나라 곳곳에서 반란이 들끓었어. 수 양제는 반란군에게 붙잡혀 세상을 떠났고, 수나라는 멸망했지. 수 양제의 욕심이 나라를 무너뜨리고 만 거야.

조공
옛날에 작은 나라가 크고 힘센 나라를 형님 나라로 모시며 예물을 바치던 일을 의미해. 옛날 중국은 주변 작은 나라들에게 조공을 받곤 했어.

을지문덕
고구려의 뛰어난 장수야. 살수 대첩에서 수나라의 침략을 막아냈지.

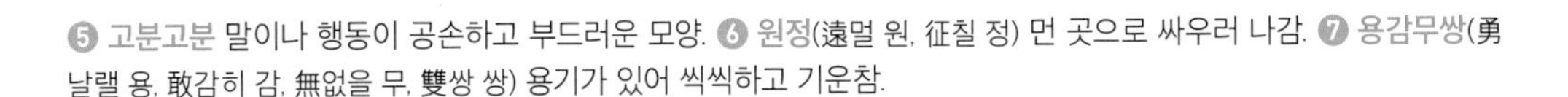
⑤ 고분고분 말이나 행동이 공손하고 부드러운 모양. ⑥ 원정(遠멀 원, 征칠 정) 먼 곳으로 싸우러 나감. ⑦ 용감무쌍(勇날랠 용, 敢감히 감, 無없을 무, 雙쌍 쌍) 용기가 있어 씩씩하고 기운참.

1 중심 내용

이 글을 읽고 알맞은 내용에 선을 그어 중심 문장을 완성해 보세요.

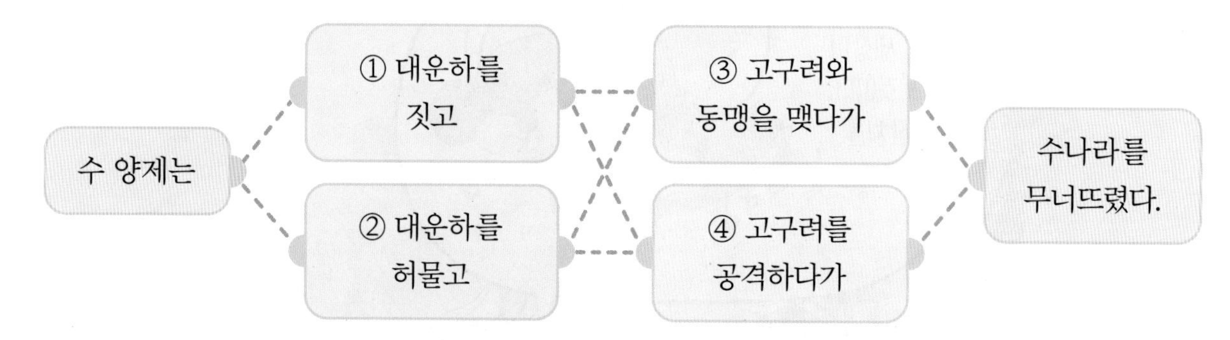

2 인물 이해

이 글의 수 양제에 대한 설명으로 알맞지 않은 것을 골라 보세요. (　　　)

① 수나라의 두 번째 황제였다.

② 거만하고 욕심이 많은 사람이었다.

③ 대군을 출동시켜 고구려를 공격하였다.

④ 중국 곳곳을 여행하며 백성들을 위한 잔치를 열었다.

3 내용 이해

이 글의 내용과 일치하면 O표, 일치하지 않으면 X표 해 보세요.

(1) 고구려와 수나라는 사이가 좋았다. (　　)

(2) 수 양제는 백성들의 반란으로 목숨을 잃었다. (　　)

(3) 고구려의 을지문덕 장군이 수나라 군대를 물리쳤다. (　　)

(4) 수 양제는 중국의 남과 북을 잇는 대운하를 만들고 싶어 했다. (　　)

4 내용 적용

다음 신문 기사에서 이 글의 내용과 일치하지 않는 것을 골라 보세요. (　　　)

OO 신문 OO년 OO월 OO일

〈속보〉 수 양제에 대한 백성들의 불만이 하늘을 찔러

수나라의 황제인 수 양제의 명령으로 대운하 건설 공사가 시작되었다. ① 전 세계를 오갈 수 있을 만큼 길고 넓은 운하를 짓기 위해 ② 수천만 명의 백성들이 강제로 동원되었다. 하지만 ③ 수 양제는 호화로운 생활을 즐기며 사치를 부리기 바빴고, 공사장에 끌려 나와 쉬지도 못하고 일하는 백성들의 불만은 커져만 갔다. 최근 고구려 원정이 실패로 끝나고 ④ 수많은 백성이 목숨을 잃으면서 수나라 곳곳에서 반란까지 일어났다.

▶ 정답과 풀이 2쪽

5 빈칸을 채우며 이 글의 내용을 정리해 보세요.

핵심 정리

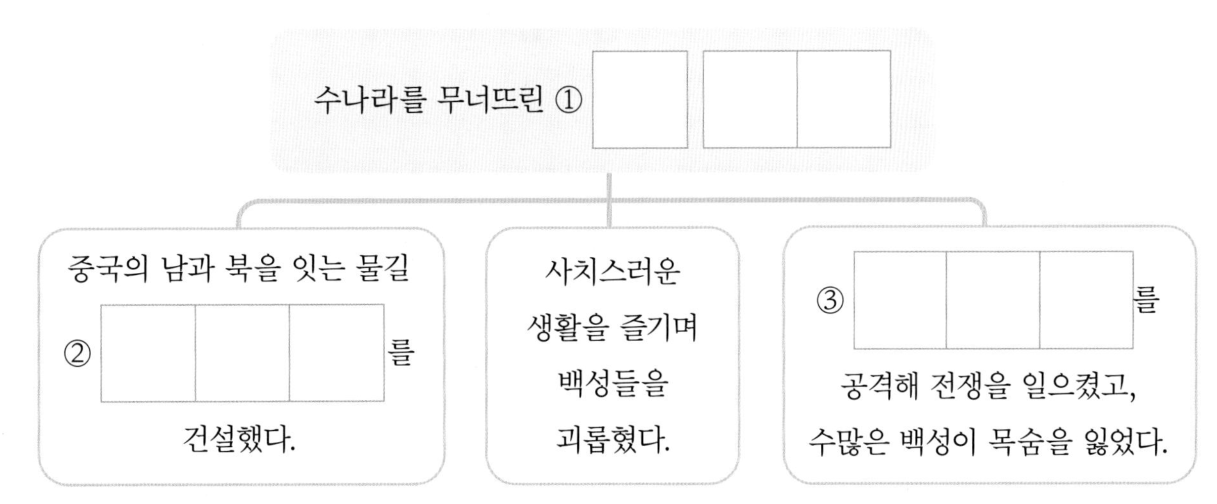

어휘 학습

6 낱말의 알맞은 뜻을 찾아 선으로 이어 보세요.

어휘 복습

(1) 운하 •
(2) 동원 •
(3) 용감무쌍 •

• ① 용기가 있어 씩씩하고 기운참.
• ② 사람이나 물건 같은 것을 한데 모으는 것.
• ③ 배를 띄우거나 농사를 짓는 땅에 물을 대기 위해 육지에 파 놓은 물길.

7 빈칸에 들어갈 알맞은 낱말을 보기에서 찾아 문장을 완성해 보세요.

어휘 적용

보기	거만	교류	고분고분	원정

(1) 알렉산드로스는 ________________을 떠나 드넓은 땅을 차지하였다.
↳ 먼 곳으로 싸우러 나감.

(2) 한껏 치장한 귀족이 턱을 치켜들고 ________________한 자세로 걸었다.
↳ 잘난 체하며 남을 업신여기는 데가 있음.

(3) 선애는 선생님 말씀을 ________________ 잘 들어서 예쁨을 받는 친구이다.
↳ 말이나 행동이 공손하고 부드러운 모양.

03 당 태종, 형제를 죽이고 황제가 되다

형제를 죽이고 황제가 되다니, 정말 끔찍해! 그런데 당 태종은 당나라를 잘 다스렸을까?

당 태종
(599년 ~ 649년)

이름은 이세민이야. 당나라의 두 번째 황제이지. 당나라의 기틀을 단단하게 다진 임금으로, 중국 역사에서 손꼽히는 성군이야.

교과서 핵심어 | ★당 태종 ★당나라 ★장안

"수 양제는 세상을 떠났다. 이제 내가 중국의 새로운 황제다."

수나라가 망하자 수나라의 장군이었던 이연이 새롭게 황제 자리에 올랐어. 그런데 다른 장군들은 이연에게 순순히 고개를 숙이지 않았지.

"장군인 네가 무슨 황제라는 거냐? 인정할 수 없다!"

이연은 수많은 장군들과 맞서 싸워야 했어. 이때 이연의 둘째 아들 이세민이 군대를 이끌고 싸워 매번 승리를 거두었지. 이세민의 활약 덕에 이연은 당나라를 세우고 무사히 첫 번째 황제가 될 수 있었어.

그런데, 당나라의 조정[1]에서는 누가 황태자[2]가 될 것인지를 두고 큰 다툼이 생겼어.

"나라를 세우는 데 공[3]이 큰 이세민 님이 황태자가 되는 것이 맞아요."

"어허, 무슨 소리! 첫째 아들이 황태자가 되는 것이 맞습니다!"

다툼 끝에 이연의 첫째 아들이 황태자가 됐어. 하지만 둘째 아들 이세민이 황제 자리를 노린다는 소문이 끊이질 않았지. 황태자는 점점 불안해졌어. 그래서 다른 동생을 불러 이야기를 나누곤 했지.

"세민이가 나를 내쫓고 황태자 자리를 빼앗으려고 하지는 않겠지?"

"혹시 모를 일입니다. 늦기 전에 세민 형님을 없애야 합니다."

이세민도 곧 형제들이 자신을 죽이려 한다는 사실을 알게 됐어.

'내가 죽지 않으려면 먼저 형제들을 죽이는 수밖에 없다.'

이세민은 궁궐에 미리 병사들을 숨겨 놓고 형제들이 오기를 기다렸어. 그리고 형의 모습이 보이자 불쑥 나타나 활을 쏘았지.

"지금이 기회다. 모두 죽여라!"

---

❶ 조정(朝아침 조, 廷조정 정) 옛날 임금이 신하들과 나라의 정치를 의논하는 곳. ❷ 황태자(皇임금 황, 太클 태, 子아들 자) 황제의 자리를 이을 황제의 아들. ❸ 공(功공 공) 어떤 목적을 이루는 데 힘쓴 노력이나 수고. ❹ 즉위(卽곧 즉, 位자리 위) 임금이 될 사람이 임금의 자리에 오름.

"으윽, 이세민 네 이놈! 언젠가는 이럴 줄 알았다!"

이세민의 형제들은 그날 모두 목숨을 잃었어. 겁에 질린 아버지 이연은 두 달 뒤 이세민에게 스스로 황제 자리를 넘겨 주었어. 이세민은 당나라의 두 번째 황제 당 태종으로 ④즉위했지. 하지만 황제가 된 이세민은 마음이 무거웠어.

'살아남으려면 어쩔 수 없었어. 하지만 사람들은 나를 욕할 거야. 그러니 나는 누구보다 훌륭한 황제가 되어야만 한다.'

당 태종은 능력이 뛰어난 신하를 뽑아서 나랏일을 보게 했고, 백성들의 어려움을 줄여주려고 밤낮없이 노력했어. 덕분에 당 태종이 다스리는 당나라는 ⑤태평성대를 이루었지. 당 태종은 지금까지도 중국 황제 중 손꼽히는 ⑥성군으로 존경받고 있어.

특히 당나라의 수도 장안은 세계 여러 나라 사람들이 모여드는 국제 도시가 되었어. 장안에는 비단길을 거쳐 멀리 유럽에서 온 크리스트교 ⑦선교사들도 있었고, 유럽의 값진 물건을 파는 상인도 많았지. 세계 곳곳에서 당나라의 발전된 모습을 배우러 찾아오기도 했어. 그래서 장안은 인구도 백만 명이 넘었지.

역사 사전

당나라
(618년 ~ 907년)
수나라가 망하고, 중국을 다시 통일한 나라야. 당나라는 300년 가까이 중국을 다스렸어. 세계의 중심이라 불릴 만큼 부유하고 강력한 나라였지.

비단길
유럽과 아시아를 잇는 무역로야. 오랜 옛날부터 이 길을 따라 유럽과 아시아의 여러 문물과 사람들이 오갔지.

---

⑤ 태평성대(太클 태, 平평평할 평, 聖성인 성, 代대신할 대) 임금이 나라를 잘 다스려 아주 평화로운 세상이나 시대. ⑥ 성군(聖성인 성, 君임금 군) 어질고 덕이 뛰어난 임금. ⑦ 선교사(宣베풀 선, 敎가르칠 교, 師스승 사) 종교를 널리 전하는 사람.

1 중심 내용

이 글의 중심 내용으로 알맞은 것을 골라 보세요. (　　　)

① 당나라를 세운 이연

② 당나라 황제 자리에 오른 당 태종

③ 수나라를 물리치고 중국을 차지한 당나라

④ 아들에게 황제 자리를 빼앗긴 당나라 황제

2 인물 이해

이 글의 당 태종에 대한 설명으로 알맞은 것을 모두 골라 ○표 해 보세요.

① 이연의 둘째 아들이다.	② 당나라를 아주 잘 다스린 성군이었다.	③ 형제들의 도움을 받아 황제가 되었다.
☐	☐	☐

3 내용 이해

이 글의 당나라에 대한 설명으로 알맞지 않은 것을 골라 보세요. (　　　)

① 능력 있는 신하들이 나랏일을 돌보았다.

② 유럽의 값진 물건들을 파는 상인들이 있었다.

③ 유럽의 선교사들이 불교를 전하러 당나라에 왔다.

④ 수도 장안은 세계 여러 사람들이 오가는 국제도시였다.

4 내용 적용

이 글을 영화로 만들었어요. 영화에 들어갈 장면으로 알맞지 않은 것을 골라 보세요.

(　　　)

① 당나라를 세우고 첫 번째 황제가 된 당 태종

② 자신을 죽이려던 형제를 없앤 당 태종

③ 겁에 질려 황제 자리를 아들에게 넘겨준 이연

④ 당나라의 태평성대를 연 당 태종

5 빈칸을 채우며 이 글의 내용을 정리해 보세요.

핵심 정리

이세민은 아버지를 도와 ① [ ][ ][ ]를 세웠다. 하지만 형제들이 자신을 죽이려고 한다는 사실을 알게 되었다. 결국, 이세민은 형제들을 죽이고 당나라의 두번째 황제 ② [ ] [ ][ ]이 되었다. 황제가 된 그는 당나라를 아주 잘 다스려 중국에서 손꼽히는 성군이 되었다.

어휘 학습

6 낱말의 알맞은 뜻을 찾아 선으로 이어 보세요.

어휘 복습

(1) 성군 •

(2) 황태자 •

(3) 태평성대 •

• ① 어질고 덕이 뛰어난 임금.

• ② 황제의 자리를 이을 황제의 아들.

• ③ 임금이 나라를 잘 다스려 아주 평화로운 세상이나 시대.

7 밑줄 친 낱말의 알맞은 뜻을 골라 빈칸에 번호를 써 보세요.

어휘 적용

조정	① (朝아침 조 廷조정 정) 옛날 임금이 신하들과 나라의 정치를 의논하는 곳. 예 신하들이 **조정**에 모여 나랏일에 대해 이야기했다. ② (調고를 조 停머무를 정) 다툼이 있는 사이에 끼어서 서로 화해하게 하거나 다툼을 그치게 하는 것. 예 친구들과 의견 **조정**이 안돼서 다툼으로 번졌다. ③ (調고를 조 整가지런할 정) 어떤 기준이나 상황에 맞게 바로잡아 정리하다. 예 체육 대회 날 아침부터 비가 온다고 해서 날짜를 **조정**했다.

(1) 세대 간의 갈등은 조정하기 어렵다. (　　)

(2) 조정에 있던 신하들이 왕을 몰아냈다. (　　)

(3) 조금 늦을 것 같으니, 약속 시간을 조정하는 게 어떨까? (　　)

현장 스님, 불경을 찾아 인도로 떠나다

당나라의 현장 스님은
불경을 찾아
왜 인도까지 갔을까?

교과서 핵심어 | ★현장 스님 ★불교 ★인도 ★당나라

불교는 인도에서 탄생해 세계 곳곳으로 퍼졌어. 중국의 당나라에도 불교를 믿는 사람이 많아졌지. 하지만 당나라에는 부처님 말씀이 담긴 불경[1]이 무척 부족했어. 그나마 있는 불경도 제대로 번역[2]되지 않아 이해하기 어려웠지.

'아무래도 불교를 제대로 배우려면 인도로 가야겠어.'

당나라의 현장 스님은 인도로 가서 불경을 구해 오리라고 마음먹었어. 그런데 한 가지 문제가 있었어. 당나라 법에 따르면 백성들은 함부로 나라 밖으로 떠날 수가 없었거든. 현장 스님은 관리들의 눈을 피해 한밤중에 몸을 움직이고, 낮이면 눈에 안 띄는 곳에 숨어야 했지. 하지만 그래도 관리들의 눈길을 완전히 피할 순 없었어.

"이보시오. 당신이 인도로 가신다는 현장 스님입니까? 이 길로 가면 금세 들키고 말 것입니다. 제가 눈에 안 띄는 길을 알려드리겠습니다."

"아! 정말 고맙습니다."

다행히도 불교를 믿는 당나라 관리들이 현장 스님을 알아보고 넌지시 도움을 주었어. 그 덕에 현장 스님은 간신히 당나라의 국경[3]을 넘을 수 있었지. 그런데 국경을 넘자 이번에는 끝도 없는 모래 사막이 펼쳐졌어.

"모래가 정말 끝도 없구나! 퉤퉤! 입까지 들어오는군!"

현장 스님은 뜨거운 태양을 받으며 쉼 없이 걸었어. 사막 한가운데에서 물이 떨어지는 바람에 죽을 뻔하기도 했지. 무거운 짐을 진 채 오로지 두 다리로 수천 킬로미터를 걸어야 하는 힘든 여정[4]이었어. 하지만 어떤 어려움도 현장 스님을 막지 못했지. 산전수전[5] 다 겪은 끝에 현장 스님은 드디어 인도에 도착했어. 여행을 떠난 지 1년 만에 말이야.

현장 스님
(602년 ~ 664년)

당나라의 스님이야. 불경을 구하기 위해 인도로 먼 여행을 떠나서 20년 만에 돌아왔어.

---

❶ 불경(佛부처 불, 經경서 경) 불교의 가르침을 적어 놓은 책. ❷ 번역(飜번역할 번, 譯풀 역) 어떤 언어로 된 글을 다른 언어의 글로 옮김. ❸ 국경(國나라 국, 境경계 경) 나라와 나라의 영역을 가르는 경계. ❹ 여정(旅나그네 여, 程단위 정) 여행의 과정이나 일정. ❺ 산전수전(山메 산, 戰싸울 전, 水물 수, 戰싸울 전) 온갖 고생과 어려움을 이르는 말.

현장 스님은 인도의 스님들이 불경을 공부하는 학교를 찾아갔어. 인도의 스님들은 모두 화들짝 놀랐지.

"중국에서 이 먼 곳까지 왔단 말입니까! 어떤 불경이든 보아도 좋습니다. 궁금한 게 있으면 무엇이든 물어보시오."

현장 스님은 20년 가까이 인도에 머물렀어. 귀한 불경을 찾으면 ❻주야장천 열심히 공부하고 번역했지. 그리고 645년, 현장 스님은 600여 권의 불경과 ❼불상을 가지고 당나라로 돌아왔어. 현장 스님이 돌아온다는 소식에 당나라의 황제였던 당 태종이 직접 국경까지 나서서 현장 스님을 맞이했지.

"현장, 그대가 당나라의 불교를 위해 큰일을 해냈소!"

"감사합니다. 불교의 발전을 위해 더 노력하겠습니다."

현장 스님은 사람들에게 자신의 여행 이야기를 ❽상세히 들려주었어. 인도까지 어떻게 길이 이어져 있는지, 그리고 국경 너머에는 어떤 나라들이 있는지 말이야. 덕분에 사람들은 중국 밖 세상을 좀 더 잘 알 수 있게 되었어.

❻ 주야장천(晝낮 주, 夜밤 야, 長길 장, 川내 천) 밤낮으로 쉬지 않고 계속. ❼ 불상(佛부처 불, 像모양 상) 부처의 모습을 표현한 조각이나 그림. ❽ 상세하다(詳자세할 상, 細가늘 세) 낱낱이 자세하다.

1

중심 내용

이 글의 중심 내용으로 알맞은 것을 골라 보세요. (　　　)

① 불교가 탄생한 인도

② 불교를 믿은 당나라 사람들

③ 현장 스님을 반갑게 맞이한 당 태종

④ 불경을 찾아 인도로 떠난 현장 스님

2

인물 이해

이 글의 현장 스님에 대한 설명으로 알맞은 것을 모두 선으로 이어 보세요.

① 당나라 스님이다.

③ 당나라의 불교 발전을 위해 힘쓴 사람이다.

현장 스님

② 황제의 명령을 받고 인도로 유학을 떠났다.

④ 인도에 평생 머무르며 불경을 공부하고 번역했다.

3

내용 이해

이 글의 내용과 일치하면 O표, 일치하지 않으면 X표 해 보세요.

(1) 당나라에는 불교를 믿는 사람들이 많았다. (　　　)

(2) 현장 스님은 당나라 국경에서 잡혀 인도에 가지 못했다. (　　　)

(3) 현장 스님은 불경 600여 권과 불상을 챙겨 당나라로 돌아왔다. (　　　)

(4) 현장 스님이 인도로 떠나기 전, 당나라에는 부처님 말씀을 담은 불경이 많았다. (　　　)

4

내용 적용

이 글의 현장 스님이 쓴 일기예요. 이 글의 내용과 일치하지 않는 것을 골라 보세요.

(　　　)

불교의 나라 인도에 도착하다!

날짜: ○○○년 ○○월 ○○일　　날씨: 맑음

① 길을 나선 지 1년 만에 드디어 인도에 도착했다. 인도까지 오는 길은 정말 힘들었다. ② 한밤중에 몰래 움직여야 했고, 뜨거운 사막을 건너다 죽을 뻔하기도 했다. 그래도 인도에 도착하니 너무 좋았다. ③ 인도에 머물며 불교를 공부할 것이다. ④ 인도 사람들에게 당나라의 훌륭한 불경을 번역하여 전할 생각을 하니 무척 설렌다.

▶ 정답과 풀이 3쪽

5 핵심 정리

빈칸을 채우며 이 글의 내용을 정리해 보세요.

당나라의 ① [|] [|] 은 부처님의 가르침을 담은 불경을 구하기 위해 직접 ② [|] 로 떠났다. 공부를 마친 그는 당나라로 돌아와 사람들에게 자신의 여행 이야기를 자세히 들려주었다. 그 덕분에 당나라 사람들은 중국 밖 세상을 좀 더 잘 알 수 있게 되었다.

어휘 학습

6 어휘 복습

낱말의 알맞은 뜻을 찾아 선으로 이어 보세요.

(1) 불경 • • ① 불교의 가르침을 적어 놓은 책.

(2) 번역 • • ② 부처의 모습을 표현한 조각이나 그림.

(3) 불상 • • ③ 어떤 언어로 된 글을 다른 언어의 글로 옮김.

7 어휘 적용

보기 에서 알맞은 낱말을 찾아 밑줄 친 말을 바꾸어 써 보세요.

보기 국경 여정 산전수전 주야장천 상세하다

(1) 방학을 맞은 대학생 누나는 밤낮으로 쉬지 않고 계속 책만 읽었다.

➡ 방학을 맞은 대학생 누나는 (   ) 책만 읽었다.

(2) 할아버지는 어릴 적부터 안 해 본 일이 없을 정도로 온갖 고생과 어려움을 다 겪었다.

➡ 할아버지는 어릴 적부터 안 해 본 일이 없을 정도로 (   )을 다 겪었다.

측천무후, 중국 최초로 여자 황제가 되다

중국에 여자 황제가 있었구나! 당나라의 황후였던 측천무후는 어떻게 황제가 된 걸까?

교과서 핵심어	★측천무후	★당나라	★황제

당나라의 세 번째 황제인 고종은 몸이 유난히 ❶허약한 편이었어. 그래서 고종의 ❷황후인 측천무후가 몸이 아픈 황제 대신 나랏일을 맡아 보곤 했지. 측천무후는 ❸총명한 사람이라 복잡한 나랏일도 잘 해결했어. 하지만 자신에게 조금이라도 반대하는 사람은 누구라도 살려두지 않는 무서운 사람이기도 했지.

"저놈이 반란을 꾀한다는 증거를 찾아냈다. 지금 당장 체포하라!"

"마마, 그게 무슨 말씀입니까? ❹오해입니다!"

수많은 대신이 측천무후의 ❺눈 밖에 나서 목숨을 잃었어. 조정에는 남자 신하들이 많았지만, 모두 측천무후 앞에서는 꼼짝도 못 했지.

세월이 흘러 고종이 세상을 떠났어. 측천무후의 셋째 아들이 다음 황제로 즉위했지. 그런데 새 황제가 즉위하고 얼마 뒤 큰일이 터졌어.

"나의 ❻장인을 ❼재상으로 임명하도록 하겠다."

"폐하, 안됩니다. 그분은 재상을 맡기엔 능력이 부족한 분입니다."

"어허, 감히 황제의 말에 ❽거역하는가? 나는 장인에게 재상이 아니라 황제 자리라도 줄 수 있다!"

황제가 이렇게 말했다는 소식을 들은 측천무후는 화가 많이 났어. 측천무후는 단숨에 황제 앞으로 달려갔지.

"장인에게 황제 자리를 줄 수 있느냐? 황제가 무엇인 줄 알고 그리 쉽게 말한단 말이냐! 너는 황제가 될 자격이 없다. 여봐라, 당장 이 자를 끌어내라!"

"어머니, 잘못했습니다. 제가 말실수를 했습니다!"

황제는 뒤늦게 빌었지만, 소용이 없었어. 병사들이 들어와 황제의 모자와 옷을 모두 벗겨내고 자리에서 내쫓았지. 뒤이어 측천무후의 넷째 아들이 새로운 황

측천무후
(624년 ~ 705년)

중국 최초의 여성 황제야. 원래 당나라 세 번째 황제의 황후였지만, 황제가 되어 15년간 나라를 다스렸어.

---

❶ 허약(虛빌 허, 弱약할 약) 힘이나 기운이 없고 약함. ❷ 황후(皇임금 황, 后임금 후) 황제의 아내. ❸ 총명(聰밝을 총, 明밝을 명) 영리하고 재주가 있음. ❹ 오해(誤그르칠 오, 解풀 해) 어떤 것을 잘못 알거나 잘못 해석함. ❺ 눈 밖에 나다 믿음을 잃고 미움을 받다. ❻ 장인(丈어른 장, 人사람 인) '아내의 아버지'를 높여 이르는 말.

제가 됐어. 하지만 넷째 아들은 어머니가 두려워서 아무것도 할 수가 없었지.

"차라리 어머니께서 황제가 되어 나라를 다스려 주십시오. 저에게는 나라를 다스릴 능력이 없습니다."

넷째 아들은 측천무후에게 직접 황제 자리를 넘겼어. 그리하여 690년, 측천무후는 아들 대신 중국의 황제가 됐어. 중국 최초로 여자 황제가 등장한 거야.

물론 여자 황제인 측천무후를 반대하는 사람도 있었어.

"여자가 무슨 나랏일을 한다는 거야! 그러면 나라가 곧 망할 거요!"

하지만 측천무후는 그럴수록 나라를 더 엄격하게 다스렸지. 누구나 관리들의 비리[9]를 알릴 수 있게 하고, 자신을 반대하는 세력을 늘 감시했어. 한편, 나라에 보탬이 되는 훌륭한 인재를 뽑는 데도 열심이었지.

"내가 무서운가? 오로지 백성만 바라보며 나랏일을 한다면 나를 두려워할 필요는 없을 것이오!"

측천무후가 나라를 다스리는 동안 신하들은 매일매일 공포에 떨었어. 하지만 백성들은 무척이나 살기 좋았지. 나라의 곳간도 더욱 풍성해졌어.

---

⑦ 재상(宰재상 재, 相서로 상) 왕을 돕고 모든 관원을 지휘, 감독하던 벼슬. ⑧ 거역(拒막을 거, 逆거스를 역) 윗사람의 뜻이나 명령을 듣지 않음. ⑨ 비리(非아닐 비, 理다스릴 리) 도덕이나 법에 어긋나 사회적으로 받아들이기 어려운 일.

1

중심 내용

이 글을 읽고 알맞은 내용에 선을 그어 중심 문장을 완성해 보세요.

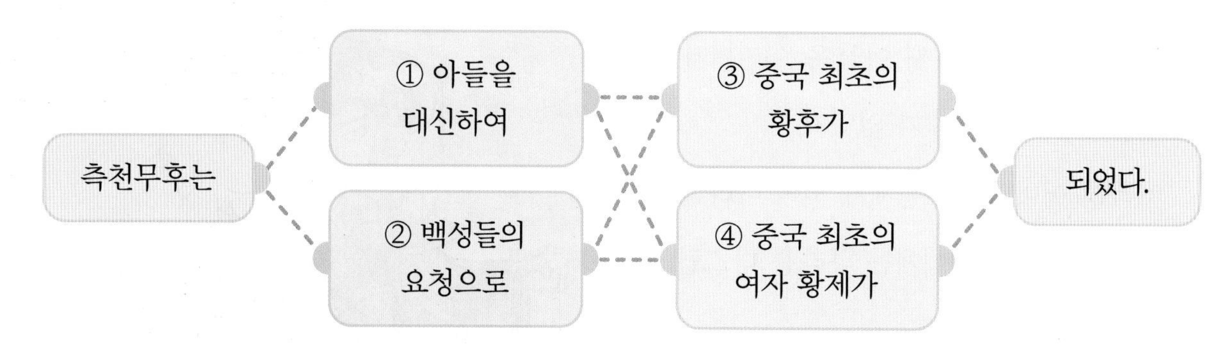

2

인물 이해

이 글의 측천무후에 대한 내용과 일치하면 O표, 일치하지 않으면 X표 해 보세요.

(1) 당나라 황제 고종의 황후였다. ( )

(2) 아들들을 죽이고 황제가 되었다. ( )

(3) 총명한 사람이라 나랏일도 잘 돌보았다. ( )

(4) 자신의 장인어른을 재상으로 임명하였다. ( )

3

내용 이해

이 글의 내용을 잘못 이해한 사람을 골라 보세요. ( )

① 영심: 신하들은 측천무후를 무서워했을 거야.

② 선애: 측천무후를 반대하는 사람들은 감시를 당했을 거야.

③ 하다: 백성들은 측천무후가 나라를 다스리는 동안 살기 좋았을 거야.

④ 수재: 고종은 자신에게 반대하는 사람을 살려두지 않을 만큼 무서운 사람이었어.

4

추론

이 글을 읽고 다음 뉴스에 이어질 상황으로 알맞은 것을 골라 보세요. ( )

① 당나라가 멸망하였다.

② 측천무후가 당나라에서 쫓겨났다.

③ 측천무후가 중국 최초의 여자 황제가 되었다.

④ 측천무후의 손자가 뒤를 이어 다음 황제가 되었다.

▶ 정답과 풀이 4쪽

5 핵심 정리

빈칸을 채우며 이 글의 내용을 정리해 보세요.

당나라의 황후 ① [ ][ ][ ][ ]는 총명하여 아픈 황제를 대신해 나랏일을 돌보았다. 그녀는 자기를 거스르는 사람들은 살려두지 않는 무서운 사람이었다. 그녀는 아들에게 황제 자리를 넘겨받아 중국 최초의 여자 ② [ ][ ]가 되었다.

어휘 학습

6 어휘 복습

낱말의 알맞은 뜻을 찾아 선으로 이어 보세요.

(1) 황후 • 　　• ① 황제의 아내.

(2) 총명 • 　　• ② 영리하고 재주가 있음.

(3) 거역 • 　　• ③ 윗사람의 뜻이나 명령을 듣지 않음.

7 어휘 적용

빈칸에 들어갈 알맞은 낱말을 보기에서 찾아 문장을 완성해 보세요.

보기 　허약　오해　눈 밖에 나다　장인　재상　비리

(1) 검찰이 ________________를 저지른 사람들을 잡아가 조사했다.
↳ 도덕이나 법에 어긋나 사회적으로 받아들이기 어려운 일.

(2) 막냇동생은 몸이 ________________한 탓에 감기에 자주 걸린다.
↳ 힘이나 기운이 없고 약함.

(3) 수재는 영어를 아주 잘해서 외국인으로 ________________를 받은 적이 있다.
↳ 어떤 것을 잘못 알거나 잘못 해석함.

▶ 정답 17쪽

미로 탈출하며 핵심어 찾기!

아이들이 용선생을 만나러 가는 길에 본 핵심어를 빈칸에 순서대로 써 보세요. 그리고 핵심어에 알맞은 설명을 찾아 연결해 보세요.

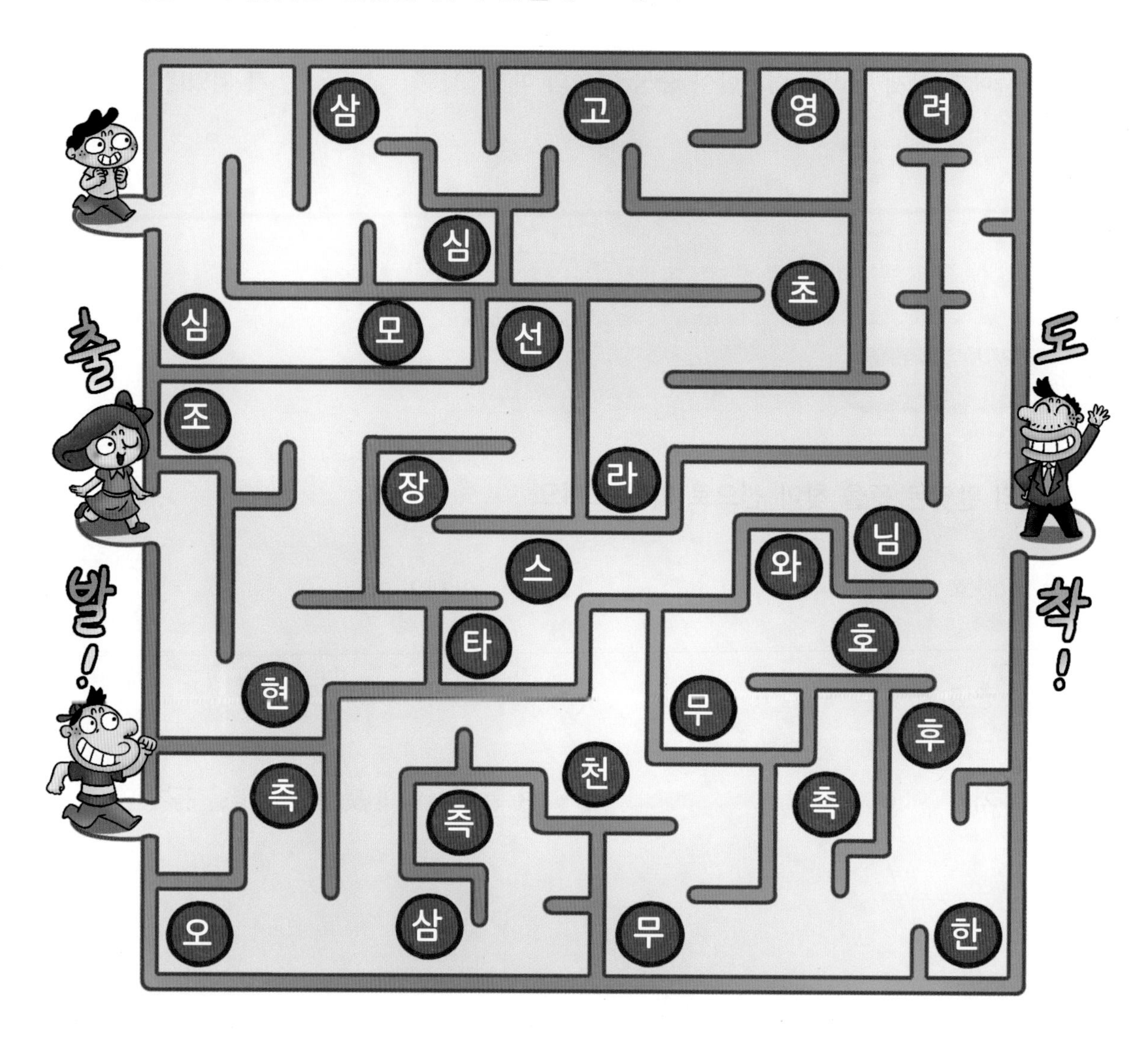

 의 핵심어 ______________ •

 의 핵심어 ______________ •

 의 핵심어 ______________ •

• 불경을 공부하러 인도로 떠났던 당나라의 스님이야.

• 유비가 제갈량의 집을 세 번 찾아갔다는 이야기에서 유래한 고사성어야.

• 중국 최초의 여자 황제야. 원래 당나라의 황후였지만 아들의 양보로 황제가 됐지.

- 747년 고선지, 서역 원정
- 936년 고려, 후삼국 통일
- 960년 송나라 건국
- 1126년 송 휘종, 금나라의 포로가 됨
- 1170년 무신 정변
- 1185년 일본에서 막부 성립

회차	학습 내용	교과서 핵심어	교과 연계	학습 계획일
06	고구려의 후예 **고선지**, 당나라에서 맹활약하다	★ 고선지 ★ 토번 ★ 당나라 ★ 고구려	【중학 역사 Ⅰ】 2. 세계 종교의 확산과 지역 문화의 형성 ② 동아시아 문화의 형성과 확산	월 일
07	**송 태조**, 칼 대신 붓을 선택하다	★ 송 태조 ★ 송나라 ★ 문치주의 ★ 문신	【중학 역사 Ⅰ】 3. 지역 세계의 교류와 변화 ① 몽골 제국과 문화 교류	월 일
08	**송 휘종**, 값비싼 취미로 나라를 망치다	★ 송 휘종 ★ 송나라 ★ 금나라	【중학 역사 Ⅰ】 3. 지역 세계의 교류와 변화 ① 몽골 제국과 문화 교류	월 일
09	**악비**, 나라를 구하려다 죽음을 맞이하다	★ 악비 ★ 금나라 ★ 남송	【중학 역사 Ⅰ】 3. 지역 세계의 교류와 변화 ① 몽골 제국과 문화 교류	월 일
10	**무사**들이 일본의 권력을 잡다	★ 무사 ★ 천황 ★ 막부 ★ 쇼군	【중학 역사 Ⅰ】 3. 지역 세계의 교류와 변화 ② 동아시아 지역 질서의 변화	월 일
역사 놀이터	**가로세로 핵심어 찾기!**			

고구려의 후예 고선지, 당나라에서 맹활약하다

고구려 후예인 고선지가 당나라에서 어떤 맹활약을 펼쳤을까? 토번은 어디에 있는 나라일까?

교과서 핵심어 | ★고선지 ★토번 ★당나라 ★고구려

고선지
(? ~ 755년)
고구려의 후예로 당나라 장군이야. 당나라의 서역 원정을 이끈 인물로 유명하지.

"고선지 장군은 황제의 명령을 받들라. 서역으로 떠나 토번의 요새❶를 정복하라!"

747년, 당나라의 장군 고선지는 대군을 이끌고 서역 원정을 떠나게 되었어. 서역은 중국에서 멀리 떨어진 서쪽 나라들을 가리키는 말이야. 토번은 그중 한 나라였지. 서역까지 가려면 현장 스님이 지났던 메마른 사막을 넘어야 했어. 많은 군대를 이끌고 가기엔 몹시 어려웠지.

"고선지 장군이 똑똑하고 용감하긴 한데, 너무 젊은 사람 아닌가. 과연 원정을 제대로 이끌 수 있을까?"

"그런데 고선지 장군 집안이 고구려 출신이라던데, 들었나?"

사람들은 수군거렸어. 고선지는 사실 오래전 멸망한 고구려의 후예❷였어. 고선지의 아버지는 원래 고구려 사람이었는데, 고구려가 망한 뒤 당나라로 끌려갔지. 그리고 당나라의 장군이 되어 많은 전쟁을 치렀어. 고선지도 아버지를 따라 전쟁터를 누비다가 당나라의 장군이 되었던 거야. 당나라에서는 다른 나라 출신도 능력만 있으면 벼슬을 할 수 있었거든.

원정을 떠나기 전, 고선지는 부하 장군들을 모아 회의를 열었어.

"서역으로 가는 길은 매우 험난하다❸. 게다가 가는 길에 토번에게 기습❹을 받는다면, 제대로 싸워 보지도 못하고 돌아와야 할 수도 있다."

"그럼 좋은 방법이 있습니까?"

"사람이 잘 다니지 않는 험한 산길로 가야겠다. 그래야 도중에 토번에게 들키지 않고 기습할 수 있다."

고선지 장군이 선택한 길에는 찬바람이 몰아치는 높은 산이 즐비❺했어. 고선지

---

❶ 요새(要중요할 요, 塞변방 새) 군사적으로 중요한 곳에 튼튼하게 만들어 놓은 방어 시설. ❷ 후예(後뒤 후, 裔자락 예) 한 핏줄을 이어받은 후손. ❸ 험난하다(險험할 험, 難어려울 난) 다니기에 위험하고 어렵다. ❹ 기습(奇기이할 기, 襲엄습할 습) 적이 생각지 않았던 때에 갑자기 공격함.

의 부하들은 3개월 동안 산을 넘으며 온갖 고생을 했지.

"윽, 눈발이 거셉니다. 앞이 잘 보이지 않습니다."

"조심해라! 바로 옆은 낭떠러지다!"

과연 고선지의 말이 맞았어. 토번은 당나라 군대가 다가오는 것을 조금도 눈치채지 못했지.

"아니, 대체 저 많은 당나라 군대가 언제 여기까지 왔단 말이냐?"

"돌격! 적들이 당황했다. 어서 요새를 빼앗자!"

고선지가 이끄는 당나라 군대는 순식간에 요새를 [6]포위했어. 토번은 갑작스러운 공격에 [7]아연실색했지. 고선지는 토번을 상대로 큰 승리를 거두고 요새를 빼앗았어. 이 소식이 널리 퍼지자, 서역의 다른 나라들도 얼른 당나라에 고개를 숙였지. 당나라의 황제는 크게 기뻐했어.

"너무나 어려운 원정에 성공했구나. 고선지에게 큰 상을 내리겠다."

고선지는 이후로도 여러 차례 서역 원정을 떠나서 승리를 거두었어. 고구려의 후예 고선지의 이름은 중국 역사 속에 깊게 흔적을 남겼지.

토번
(617년 ~ 842년)
당나라의 서쪽, 티베트 고원에 있던 나라야. 한때는 당나라를 위협할 정도로 군사력이 막강했어.

---

❺ 즐비하다(櫛빗 즐, 比견줄 비) 빗살처럼 줄지어 빽빽하게 늘어서 있다. ❻ 포위(包쌀 포, 圍둘레 위) 주위를 에워쌈. ❼ 아연실색(啞벙어리 아, 然그럴 연, 失잃을 실, 色빛 색) 얼굴빛이 변할 정도로 크게 놀라다.

1 이 글을 읽고 알맞은 내용에 선을 그어 중심 문장을 완성해 보세요.

중심 내용

고선지는 — ① 고구려의 장군으로 / ② 당나라의 장군으로 — 서역의 토번 요새를 — ③ 빼앗았다. / ④ 빼앗겼다.

2 이 글의 고선지에 대한 검색 결과로 알맞지 않은 것을 골라 보세요. (　　　)

인물 이해

고선지

① 고구려의 후예다.
② 아버지를 따라 당나라의 장군이 되었다.
③ 부하들을 이끌고 험한 산길을 넘어 토번을 공격하였다.
④ 토번과의 싸움에서 승리했지만, 황제에게 큰 벌을 받았다.

3 이 글의 내용과 일치하면 O표, 일치하지 않으면 X표 해 보세요.

내용 이해

(1) 고선지가 이끄는 군대는 토번에게 기습을 당했다. (　　　)
(2) 서역은 중국의 서쪽에 있는 나라들을 가리키는 말이다. (　　　)
(3) 다른 나라 출신도 능력만 있으면 당나라에서 벼슬을 할 수 있었다. (　　　)
(4) 당나라는 고선지의 활약으로 토번과의 전쟁에서 승리할 수 있었다. (　　　)

4 이 글의 고선지가 쓴 작전 보고서예요. 이 글의 내용과 일치하지 않는 것을 골라 보세요. (　　　)

내용 적용

- 작전명: 토번 요새 정복
- 작전 내용: ① 황제의 명을 받아 대군을 이끌고 서역 원정을 떠났다. 토번의 감시를 피해 ② 사람이 잘 다니지 않는 바닷길로 돌아갔다. 나는 ③ 군대를 이끌고 3개월 동안 험한 길을 걸어 토번의 요새에 도착했다. ④ 토번은 우리의 기습 공격을 전혀 예상하지 못한 듯했다. 덕분에 토번과 전쟁을 치러 승리를 거두었다.

▶ 정답과 풀이 4쪽

5 핵심 정리

빈칸을 채우며 이 글의 내용을 정리해 보세요.

고구려의 후예 ① [ ][ ][ ]	
직업	당나라 장군
한 일	• 서역 원정을 떠나 ② [ ][ ]의 요새를 빼앗음. • 서역 원정을 떠나 여러 차례 승리를 거둠.

어휘 학습

6 어휘 복습

낱말의 알맞은 뜻을 찾아 선으로 이어 보세요.

(1) 요새 •　　　• ① 주위를 에워쌈.

(2) 후예 •　　　• ② 한 핏줄을 이어받은 후손.

(3) 포위 •　　　• ③ 군사적으로 중요한 곳에 튼튼하게 만들어 놓은 방어 시설.

7 어휘 적용

빈칸에 들어갈 알맞은 낱말을 보기에서 찾아 문장을 완성해 보세요.

보기: 험난하다　기습　즐비하다　아연실색

(1) 도로 양옆에 높은 건물들이 ________________.
↳ 빗살처럼 줄지어 빽빽하게 늘어서 있다.

(2) 이 산은 고개도 많고 바위도 많아 걷기에 ________________.
↳ 다니기에 위험하고 어렵다.

(3) 갑작스러운 아들의 사고 소식에 부모님은 ________________했다.
↳ 얼굴빛이 변할 정도로 크게 놀라다.

송 태조, 칼 대신 붓을 선택하다

칼 대신 붓을 선택했다는 의미가 뭘까? 문치주의로 나라를 다스린 송 태조에 대해 알아보자!

교과서 핵심어	★송 태조	★송나라	★문치주의	★문신

송 태조
(927년 ~ 976년)

이름은 조광윤으로, 송나라의 첫 번째 황제야. 문치주의를 내세워 중국의 오랜 혼란을 가라앉히고 평화를 가져왔지.

강력했던 당나라는 힘센 장군들의 반란에 시달리다가 무너졌어. 그러자 여러 장군이 저마다 황제가 되려고 전쟁을 벌였지. 중국은 큰 혼란에 빠졌어. 고작 50여 년 사이에 15개나 되는 나라가 세워졌다 무너졌지.

이때 많은 군대를 거느린 조광윤이라는 장군이 있었어. 조광윤의 부하 장수들은 조광윤에게 황제가 되라며 부추겼지만, 조광윤은 손을 내저었지.

"나는 황제가 될 그릇❶이 못 되는 사람이네. 그런 말 말게."

참다못한 부하 장수들은 조광윤에게 술을 잔뜩 먹인 다음, 정신을 잃은 조광윤에게 황제의 옷을 입혀 자리에 앉혔어. 그리고 조광윤이 정신을 차리자 이렇게 말했지.

"우린 당신을 황제로 모시기로 정했습니다. 그러니 황제 자리에 오르셔야 합니다. 그렇지 않으면 우리 모두 반란을 일으킬 겁니다!"

조광윤은 울며 겨자 먹기❷로 송나라를 세우고 첫 황제 송 태조가 되었어. 하지만 송 태조는 황제가 된 이후에도 근심❸이 많았지.

'내 부하들도 모두 나처럼 군대를 거느린 장군이 아닌가. 이들이 나처럼 자기 부하에게 떠밀려 황제가 되려고 하면 어쩔 것인가?'

결국, 송 태조는 부하들을 모두 불러 모아 잔치를 열었어. 이 자리에서 송 태조는 근심 가득한 얼굴로 말했어.

"나는 원래 황제가 될 생각이 없었네. 물론 자네들이 나에게 충성을 바친다 하나, 나처럼 부하들이 억지로 황제가 되라고 떠민다면 자네들 역시 거절하기 어렵지 않겠나?"

"폐하, 그럴 일은 없습니다! 저희가 어떻게 하면 마음이 놓이시겠습니까?"

---

❶ 그릇 어떤 일을 해 나갈 만한 능력이나 그런 능력을 가진 사람. ❷ 울며 겨자 먹기 하기 싫은 일을 억지로 마지못해 하는 것을 이르는 말. ❸ 근심 해결되지 않은 일 때문에 속상해하거나 우울해함. ❹ 보상(報갚을 보, 償갚을 상) 어떤 일이나 수고 또는 받은 은혜에 대한 대가로 갚음.

"자네들이 스스로 군대를 포기한다면 그만한 보상[4]을 내릴 것이니, 심사숙고[5]해 보게."

다음날, 송 태조의 부하 장수들은 돈과 땅을 두둑하게 받는 대신 모두 스스로 자리에서 물러났어. 이제 송나라에는 힘센 장군이 사라졌어. 하지만 송 태조는 힘센 장군이 아예 나타나지 않도록 해야겠다고 마음먹었지.

"앞으로는 군대를 장군들에게 맡기지 않겠다. 이제는 글공부한 선비들이 군대도 이끌며, 나라의 중요한 일을 모두 맡아 보게 될 것이야."

송 태조는 '문치주의'라는 새로운 정책[6]을 내세웠어. 글공부하는 문신들이 나랏일을 모두 맡아본다는 뜻이지. 송 태조는 능력 있는 사람을 관리로 뽑기 위해 관리가 되고 싶은 사람은 과거 시험을 보게 했어. 그러자 송나라에는 관리로 출세[7]를 꿈꾸는 사람들이 많아졌지.

"나도 공부만 열심히 하면 나랏일을 하는 관리가 될 수 있어!"

사람들은 너 나 할 것 없이 시험을 보기 위해 시험공부에 매달렸어. 공부를 해야 출세하는 세상이 찾아온 거야.

송나라의 정치는 점차 안정되었어. 더 이상 장군의 반란도 일어나지 않았지. 나라가 평안해지자 학문[8]도 크게 발달했어.

송나라
(960년 ~ 1279년)
당나라가 무너진 후, 여러 나라로 나뉘어져 혼란스럽던 중국을 통일한 나라야. 고려의 문화에도 큰 영향을 주었어.

문신
(文글월 문, 臣신하 신)
행정을 맡아보는 관리야. 주로 글쓰기, 학문 능력을 평가하는 시험을 치러 관리가 된 사람들이지. 문신과 반대로, 군대를 이끄는 관리를 무신이라고 해.

---

[5] 심사숙고(深깊을 심, 思생각 사, 熟익을 숙, 考상고할 고) 깊이 잘 생각함. [6] 정책(政정사 정, 策꾀 책) 정치적인 목적을 이루거나 사회적인 문제를 해결하기 위한 방법. [7] 출세(出날 출, 世세대 세) 사회적으로 높은 지위에 오르거나 유명해짐. [8] 학문(學배울 학, 問물을 문) 어떤 분야를 깊게 배워서 익힘. 또는 그런 지식.

독해 학습

1 중심 내용

이 글의 중심 내용으로 알맞은 것에 ○표 해 보세요.

① 부하를 죽이고 황제가 된 송 태조	② 장군들에게 나라를 맡긴 송 태조	③ 문치주의로 나라를 다스린 송 태조
☐	☐	☐

2 인물 이해

이 글의 송 태조에 대한 설명으로 알맞은 것을 모두 선으로 이어 보세요.

① 송나라의 첫 번째 황제였다.

② 부하들에게 등 떠밀려 황제가 되었다.

송 태조

③ 부하들의 반란으로 황제 자리에서 쫓겨났다.

④ 글공부하는 문신들에게 군대를 지휘하게 했다.

3 내용 이해

이 글의 송 태조가 다음과 같이 말한 까닭으로 알맞은 것을 골라 보세요. (　　　)

> 글공부하는 선비들이 나라의 중요한 일을 모두 맡게 될 것이다.

① 전쟁을 싫어했기 때문이다.

② 귀족의 자식들이 사치만 부리는 것이 불만이었기 때문이다.

③ 힘센 장군들이 황제 자리를 위협할까 봐 걱정되었기 때문이다.

④ 선비들이 모든 나랏일을 맡겨 달라고 송 태조에게 부탁했기 때문이다.

4 자료 해석

그림을 보고 대화를 나누었어요. 이 글의 내용과 일치하지 않는 것을 골라 보세요. (　　　)

▲ 과거 시험을 치르는 송나라 사람들

① 선애: 송나라에서는 과거 시험을 잘 보면 출세했을 거야.

② 하다: 송 태조는 과거 시험을 통해 관리들을 뽑았을 거야.

③ 수재: 송나라에서는 많은 사람이 과거 시험에 도전했을 거야.

④ 영심: 사람들은 과거 시험을 보기 위해 무술 연습을 열심히 했을거야.

▶ 정답과 풀이 5쪽

5 빈칸을 채우며 이 글의 내용을 정리해 보세요.

핵심 정리

① ☐ ☐☐

이름	조광윤
직업	송나라 황제
한 일	• 당나라 멸망으로 생겨난 혼란을 잠재우고 송나라를 세웠다. • 글공부하는 문신들에게 나랏일을 맡기는 ② ☐☐☐☐ 정책을 펼쳐 나라에 안정을 가져다주었다.

어휘 학습

6 낱말의 알맞은 뜻을 찾아 선으로 이어 보세요.

어휘 복습

(1) 근심 •　　　• ① 사회적으로 높은 지위에 오르거나 유명해짐.

(2) 출세 •　　　• ② 어떤 분야를 깊게 배워서 익힘. 또는 그런 지식.

(3) 학문 •　　　• ③ 해결되지 않은 일 때문에 속상해하거나 우울해함.

7 밑줄 친 낱말의 알맞은 뜻을 골라 번호를 써 보세요.

어휘 적용

그릇	① 음식이나 물건을 담는 기구. 예 음식을 예쁜 **그릇**에 먹기 좋게 담았다. ② 어떤 일을 해 나갈 만한 능력이나 그런 능력을 가진 사람. 예 수혁이는 우리 반을 이끌 회장이 될 만큼 **그릇**이 큰 친구이다. ③ 그릇에 담긴 음식을 세는 단위. 예 어젯밤에 라면 두 **그릇**을 먹고 자서 눈이 팅팅 부었다.

(1) 그 사람은 대통령을 할 만한 그릇이 못 된다. (　　)

(2) 여러분, 식사 후 그릇을 깨끗이 치워 주세요. (　　)

(3) 나는 배가 고파서 자장면 한 그릇을 주문했다. (　　)

08 송 휘종, 값비싼 취미로 나라를 망치다

흠, 황제가 나랏일은 뒷전인 채로 취미 생활에만 몰두한다고? 송 휘종이 다스린 송나라의 모습은 어땠을까?

교과서 핵심어 | ★송 휘종 ★송나라 ★금나라

"여봐라. 오늘도 그림을 그려야겠다. 붓과 물감을 가져와라!"

송나라의 여덟 번째 황제인 송 휘종은 예술[1]을 무척이나 사랑했어. 그래서 틈만 나면 직접 그림을 그리고 글씨를 쓰며 세월을 보냈지. 또 나라의 금고를 탈탈 털어 아름다운 예술품도 있는 대로 사 모았어.

"남쪽 먼바다에 신기하게 생긴 돌이 있다고 한다. 그 돌로 정원을 꾸며야겠다. 지금 즉시 사람을 보내라."

송 휘종은 정원을 꾸미는 것도 좋아했어. 그래서 중국 곳곳에서 아름다운 돌과 나무를 열심히 모았지.

"폐하, 돌이 집채만큼 커서 가져오기 어렵다고 합니다."

"어허, 그럼 큰 배를 띄우고 일꾼도 많이 보내면 될 게 아니냐?"

송 휘종의 명령에 따라 돌과 나무를 수집[2]하느라 많은 백성이 큰 고통을 겪었어. 백성들은 땀을 흘리며 힘들게 일했지만, 돈은 한 푼도 받을 수 없었지. 심지어, 돌을 옮기는 데 방해된다며 백성들의 집을 마구 부수기도 했고, 무거운 돌을 옮기던 배가 강에 가라앉아 사람이 죽기도 했어.

"아이고, 무능한 황제 때문에 죄 없는 백성들만 죽어나는구먼!"

백성들의 불만은 머리끝까지 쌓였지.

그러던 어느 날, 큰일이 터졌어. 이웃한 금나라 군대가 쳐들어온 거야.

"금나라가 쳐들어왔다고? 어서 도망가자!"

송 휘종은 백성과 신하들을 모두 버려두고 멀리 남쪽으로 도망가 버렸어. 궁궐에 남은 신하들은 많은 돈과 땅을 바치기로 약속하고 금나라 군대를 간신히 돌려보냈지. 금나라 군대가 물러가자, 송 휘종은 어느새 궁궐로 돌아와 큰소리

인물 사전

송 휘종 (1082년 ~ 1135년)

송나라의 여덟 번째 황제야. 나랏일은 뒷전으로 하고 예술품을 모으는 데에만 열심이었다가 나라를 망하게 했지.

---

① 예술(藝재주 예, 術재주 술) 아름다움을 표현하고 창조하는 데 목적을 두고 작품을 제작하는 모든 인간 활동과 그 결과물을 이르는 말. ② 수집(蒐모을 수, 集모을 집) 취미나 연구를 위해 물건이나 재료를 찾아 모음. ③ 간신(奸간사할 간, 臣신하 신) 자기 이익만 챙기는 못된 신하. 반대말은 충신.

를 쳤어.

"오랑캐들이 나에게 겁을 먹어서 금방 물러갔구나! 하하하!"

"그렇습니다. 이제 폐하가 계시니 금나라가 쳐들어와도 아무 문제없습니다!"

③간신들도 송 휘종 곁에서 ④맞장구를 쳤지. 자신감이 생긴 송 휘종은 금나라에 약속한 돈과 땅을 주지 않았어. 늘 하던 대로 그림과 글쓰기에만 빠져 있었지.

그러자 금나라의 황제는 화가 머리끝까지 났어.

"우리가 겁을 먹었다고? 건방진 황제 같으니. 이번에는 정말 ⑤본때를 보여줘야겠군!"

금나라는 또다시 송나라에 쳐들어왔어. 송나라는 ⑥쑥대밭이 됐고, 송 휘종은 ⑦포로가 되어 금나라로 잡혀가는 신세가 되었지.

"흑흑, 내 보물들을 두고 가야 한다니……."

송 휘종은 나라가 망하는 것보다 자신이 애써 모아 둔 예술품을 다시 못 보게 되는 게 더욱 슬플 뿐이었어.

금나라
(1115년 ~ 1234년)
만주의 여진족이 세운 나라야. 한때 송나라를 밀어내고 중국 북부를 지배했어.

④ 맞장구 남의 말에 덩달아 호응하거나 동의하는 일. ⑤ 본때를 보이다 교훈이 되도록 따끔한 맛을 보이다. ⑥ 쑥대밭 어지럽거나 엉망이 된 모양. ⑦ 포로(捕사로잡을 포, 虜사로잡을 로) 산 채로 잡은 적.

1 중심 내용

이 글의 중심 내용으로 알맞은 것을 골라 보세요. (　　　　)

① 송나라에 쳐들어온 금나라

② 예술에 관심이 없었던 송 휘종

③ 금나라와의 약속을 어긴 송나라

④ 취미 생활을 즐기다 나라를 망친 송 휘종

2 인물 이해

이 글을 읽고 송 휘종에 대한 설명으로 알맞은 것을 모두 선으로 이어 보세요.

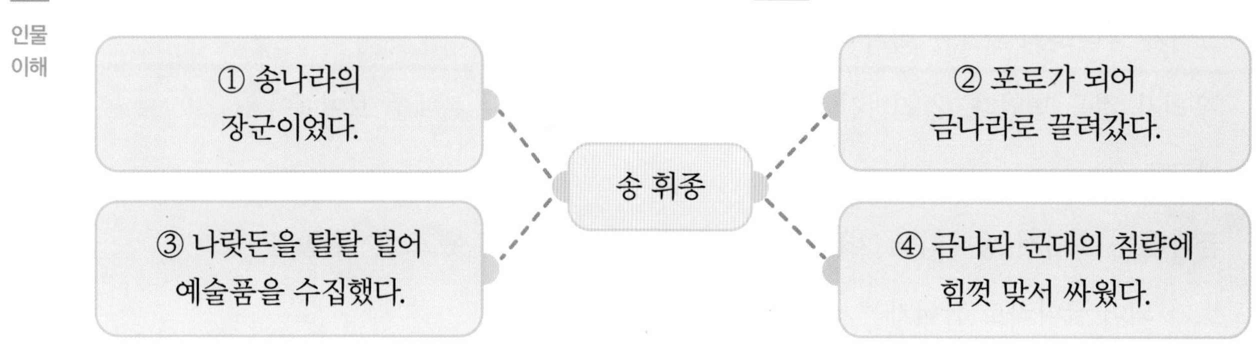

3 내용 이해

이 글의 내용과 일치하면 ○표, 일치하지 않으면 X표 해 보세요.

(1) 송나라가 먼저 금나라를 쳐들어갔다. (　　　　)

(2) 송나라 백성들은 송 휘종을 존경하고 따랐다. (　　　　)

(3) 송 휘종은 금나라에게 많은 돈과 땅을 주겠다는 약속을 지켰다. (　　　　)

(4) 금나라가 쳐들어오자 송 휘종은 백성과 신하들을 버리고 남쪽으로 도망쳤다. (　　　　)

4 자료 해석

그림을 보고 대화를 나누었어요. 이 글의 내용과 일치하지 않는 것을 골라 보세요. (　　　　)

용선생: 이 그림은 송 휘종이 그린 〈도구도〉야. 오늘날 동양화에서 손꼽히는 뛰어난 작품 중 하나이지.

① 하다: 예술을 사랑한 송 휘종은 나랏일도 잘 돌보았을 거야.

② 수재: 송 휘종은 황제로서는 별로지만 예술가로서는 제법이네.

③ 선애: 이 정도 실력이면 송 휘종은 틈만 나면 그림만 그렸을 거야.

④ 두기: 송 휘종의 값비싼 취미 생활 때문에 나라의 금고는 텅텅 비었을 거야.

▶ 정답과 풀이 5쪽

5 빈칸을 채우며 이 글의 내용을 정리해 보세요.

핵심 정리

송나라의 여덟 번째 황제 ① [ ][ ][ ]은 나랏일을 제대로 돌보지 않고 오로지 취미에만 빠져 살았다. 송나라가 ② [ ][ ][ ]의 침입을 받자 그의 신하들은 많은 땅과 돈을 약속하였으나, 그는 약속을 지키지 않았다. 결국, 송나라는 또다시 침입을 받았고, 그는 포로가 되었다.

어휘 학습

6 낱말의 알맞은 뜻을 찾아 선으로 이어 보세요.

어휘 복습

(1) 예술 •
(2) 수집 •
(3) 쑥대밭 •

• ① 어지럽거나 엉망이 된 모양.
• ② 취미나 연구를 위해 물건이나 재료를 찾아 모음.
• ③ 아름다움을 표현하고 창조하는 데 목적을 두고 작품을 제작하는 모든 인간 활동과 그 결과물을 이르는 말.

7 대화를 읽고 빈칸에 들어갈 말로 알맞은 것을 골라 보세요. (   )

어휘 적용

용선생: 하다야, 이번 세계사 시험 준비 잘 하고 있니? 이번 시험은 잘 봐서 지난번에 너를 무시한 수재에게 본때를 보여주렴.

하다: 본때를 보여주라니, 그게 무슨 뜻이에요?

용선생: ______________________________

① 너의 있는 그대로의 모습을 숨기라는 뜻이야.

② 보기에 좋은 옷을 갖춰 입은 모습을 보이라는 뜻이야.

③ 다시는 너를 무시하지 못하게 따끔한 맛을 보이라는 뜻이야.

09 악비, 나라를 구하려다 죽음을 맞이하다

금나라를 물리치고 남송을 구하려 했던 악비는 어쩌다 죽게 된 걸까?

교과서 핵심어	★악비	★금나라	★남송

금나라는 송나라를 물리치고 중국의 북쪽 절반을 집어삼켰어. 그런데 송 휘종의 아들 중 하나가 멀리 중국 남쪽에서 다시 황제 자리에 올라 송나라를 이어 나갔지. 이 나라를 남송이라고 해. '남쪽으로 간 송나라'란 뜻이야.

"이대로 중국 땅을 내어줄 순 없습니다. 지금 당장 금나라를 공격해서 빼앗긴 땅을 되찾읍시다!"

남송의 신하들은 모두 금나라를 물리쳐야 한다며 ❶아우성이었어. 금나라도 곧 이 소식을 알게 됐지.

"❷건방진 송나라 놈들, 아직도 정신을 못 차렸구나! 이번에야말로 금나라의 힘을 제대로 보여주자!"

금나라는 남송을 거세게 공격해 궁지로 몰아넣었어. 남송의 황제는 금나라 군대를 피해 몇 번이나 ❸피란을 떠났고, 수많은 도시가 금나라의 공격으로 불탔어. 남송은 금방이라도 무너질 듯 위태로웠지.

바로 이때, 남송에 악비라는 ❹명장이 등장했어.

"나라가 위태롭다. 우리가 나서서 금나라를 막아내야 한다!"

악비는 힘도 세고, ❺배짱도 두둑한 장군이었어. 악비는 전쟁에 나갈 때마다 승리를 거두었지. 금나라 군사들은 악비가 나타났다는 소식만 들어도 벌벌 떨 정도였어. 악비의 ❻맹활약 덕에 남송은 간신히 금나라의 공격을 막아냈지.

잇따라 승리를 거둔 악비는 ❼기세를 몰아 금나라까지 쳐들어가려고 했어.

"폐하, 저에게 군대를 주신다면 금나라를 깨부수고 빼앗긴 땅을 모두 되찾아 오겠습니다."

"어리석은 소리! 지금껏 그렇게 당하고도 정신을 못 차렸단 말이오?"

악비
(1103년 ~ 1142년)

남송의 장수야. 금나라의 침략에 맞서 용감히 싸웠지만, 나라를 저버린 역적으로 몰려 세상을 떠났어.

---

❶ 아우성 떠들썩하게 기세를 올려 지르는 소리. ❷ 건방 자신의 주제를 모르고 지나치게 잘난 척하는 태도. ❸ 피란(避피할 피, 亂어지러울 란) 난리를 피하여 옮겨 감. ❹ 명장(名이름 명, 將장수 장) 이름난 장수. ❺ 배짱 조금도 굽히지 아니하고 버티어 나가는 성품이나 태도. ❻ 맹활약(猛사나울 맹, 活 살 활, 躍뛸 약) 눈부실 정도로 뛰어난 활약.

황제는 금나라가 두려웠어. 악비의 말에 반대하는 사람도 많았지. 이제 간신히 금나라를 물리쳤는데, 굳이 또 전쟁을 치를 필요가 없다는 것이었지. 악비를 반대하는 사람들은 북쪽 땅을 금나라에 양보해서라도 평화를 찾아야 한다고 말했어. 이들은 악비를 ⑧눈엣가시처럼 미워했지.

'악비만 없애면, 전쟁을 계속하자고 하는 사람도 없을 거야.'

악비를 미워한 사람들은 악비가 반란을 일으키려 했다며 ⑨역적으로 몰았어. 결국 악비는 억울하게 감옥에 갇혔고, 얼마 후 사약을 받고 세상을 떠났지.

"나에게 죄가 있다면, 빼앗긴 땅을 되찾으려고 했던 죄뿐이오!"

악비가 세상을 떠난 뒤 남송은 곧 금나라와 화해했어. 이로써 중국 북쪽 절반은 금나라의 차지가 되었고, 남송은 금나라를 황제의 나라로 섬기게 되었지. 하지만 오늘날 많은 중국인은 악비를 영웅이라고 생각해. 악비가 끝까지 금나라에 맞서 싸우려 했던 모습을 높게 평가하기 때문이지.

---

⑦ 기세(氣기운 기, 勢형세 세) 기운차게 뻗치는 모양이나 상태. ⑧ 눈엣가시 몹시 밉거나 싫어 늘 눈에 거슬리는 사람이나 사물. ⑨ 역적(逆거스를 역, 賊적 적) 자기 나라나 통치자를 배신한 사람.

독해 학습

1 중심 내용

이 글의 중심 내용으로 알맞은 것에 ○표 해 보세요.

① 금나라를 공격한 악비	② 모함으로 죽음을 맞은 악비	③ 어렵게 찾아온 남송의 평화
☐	☐	☐

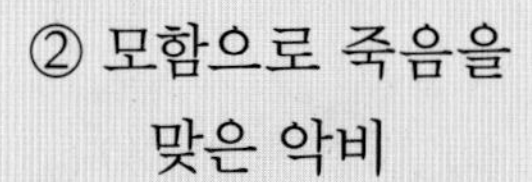

2 인물 이해

이 글의 악비에 대한 설명으로 알맞지 <u>않은</u> 것을 골라 보세요. (   )

① 훗날 남송의 황제가 되었다.

② 남송의 명장으로 이름을 날렸다.

③ 힘이 세고 배짱도 두둑한 장군이었다.

④ 악비의 활약으로 남송은 금나라의 공격을 막아냈다.

3 내용 이해

이 글의 내용을 <u>잘못</u> 이해한 사람을 골라 보세요. (   )

① 하다: 남송은 남쪽으로 간 송나라라는 뜻이야.

② 수재: 금나라 군사들은 악비를 엄청 두려워했어.

③ 선애: 황제는 금나라로 쳐들어가자는 악비의 주장을 적극적으로 지지했어.

④ 영심: 금나라와의 전쟁에서 승리한 악비는 기세를 몰아 금나라를 쳐들어가려 했어.

4 추론

이 글의 악비가 다음과 같이 말한 뒤 일어날 일로 알맞은 것을 골라 보세요. (   )

→

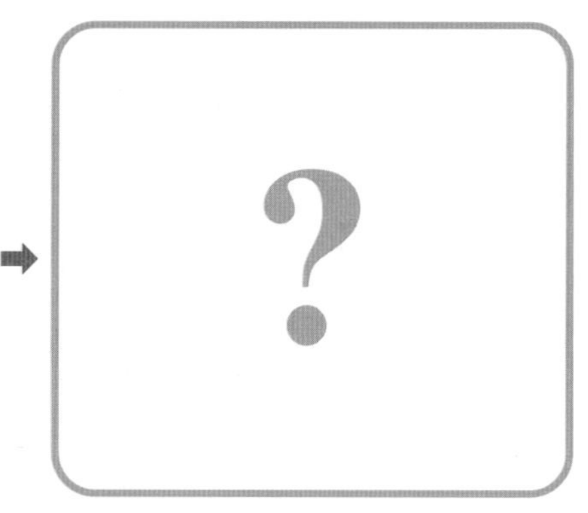

① 남송이 금나라를 정복했다.

② 악비가 군대를 이끌고 금나라를 쳐들어갔다.

③ 남송이 금나라를 황제의 나라로 섬기게 되었다.

④ 금나라가 남송을 멸망시키고 중국 전체를 차지했다.

▶ 정답과 풀이 6쪽

5 빈칸을 채우며 이 글의 내용을 정리해 보세요.

핵심 정리

① [ ][ ]은 금나라와 계속 전쟁을 벌였다. 하지만 금나라의 거센 공격으로 곧 무너질 듯 위태로웠다.

⬇

명장 ② [ ][ ]는 금나라에게 잇따라 승리를 거두었다. 그는 기세를 몰아 금나라로 쳐들어가자고 주장했다.

⬇

하지만 그는 자신을 못마땅하게 여기던 사람들에 의해 죽음을 맞이했다. 오늘날 많은 중국인은 그를 영웅이라고 생각한다.

어휘 학습

6 낱말의 알맞은 뜻을 찾아 선으로 이어 보세요.

어휘 복습

(1) 피란 •

(2) 명장 •

(3) 배짱 •

• ① 이름난 장수.

• ② 난리를 피하여 옮겨 감.

• ③ 조금도 굽히지 아니하고 버티어 나가는 성품이나 태도.

7 빈칸에 들어갈 알맞은 낱말을 보기에서 찾아 문장을 완성해 보세요.

어휘 적용

보기	아우성	건방	맹활약	기세	눈엣가시	역적

(1) 이번 시합에서는 7번 선수가 ______________을 펼쳤다.
↳ 눈부실 정도로 뛰어난 활약.

(2) 전쟁 중에 도망친 군인은 ______________ 취급을 받는다.
↳ 자기 나라나 통치자를 배신한 사람.

(3) 맛있는 간식을 꺼냈더니 강아지들이 서로 먹겠다고 ______________이다.
↳ 떠들썩하게 기세를 올려 지르는 소리.

무사들이 일본의 권력을 잡다

일본이 무사들의 세상이 되었어. 무사들은 어떻게 일본을 손에 넣게 되었을까?

교과서 핵심어	★무사 ★천황 ★막부 ★쇼군

옛날 일본에 싸움 잘하기로 유명한 두 ❶무사 ❷가문이 있었어. 다이라 가문과 미나모토 가문이었지. 두 무사 가문은 일본의 높은 귀족과 천황을 위해 싸우며 공을 세웠어. 일본의 왕인 천황은 이 두 가문에게 많은 상을 내렸지.

그런데 두 가문 중 다이라 가문이 더 많은 상을 받았어. 그래서 미나모토 가문은 불만이 많았지.

"미나모토 가문이 세운 공도 다이라 가문 못지않은데, 이건 ❸불공정하다!"

"불공정하기는! 우리 다이라 가문이 더 잘했으니까 그렇지!"

결국, 두 가문 사이에 전쟁이 시작됐어. 치열한 다툼 끝에 미나모토 가문은 패배하고 지방으로 쫓겨났지. 이제 다이라 가문이 일본 제일의 무사 가문이 되었어.

"하하하. 이제 누가 우리를 상대할 것인가? 세상 무서울 게 없구나!"

❹막강한 무사단을 거느린 다이라 가문은 일본의 권력을 한 손에 쥐었어. 일본 조정에는 다이라 가문에 충성하는 사람들만 남았고, 천황도 다이라 가문의 여자와 결혼을 해야 했지. 그러자 점차 불만을 갖는 사람이 생겨났어.

"이제 조정에서는 다이라 가문 사람이 아니면 사람 ❺취급도 하지 않는다더군!"

"아무리 강한 무사 가문이라 해도 저렇게 마음대로 굴어도 되는 건가? 아무래도 미나모토 가문과 힘을 합쳐야겠어."

불만을 품은 무사들은 하나둘씩 미나모토 가문을 중심으로 모여들었어. 미나모토 가문은 무사들을 훈련시키며 다이라 가문을 무찌를 때를 노렸지. 마침내 1180년, 전쟁이 시작됐어.

❻"오만한 다이라 가문이 나라를 어지럽히고 있다. 다이라 가문을 무찌르자!"

---

❶ 무사(武무사 무, 士선비 사) 무예를 익혀 그것을 쓰는 일을 하는 사람. ❷ 가문(家집 가, 門집안 문) 가족 또는 가까운 일가로 이루어진 공동체. ❸ 불공정(不아니 불, 公공평 공, 正바를 정) 한쪽에 치우쳐 공평하지 않음.

"와아아아!"

다이라 가문은 금세 궁지에 몰렸어. 그동안 다이라 가문에게 불만을 품은 사람들이 너무 많았던 거야. 결국, 다이라 가문은 무너지고, 미나모토 가문이 일본의 권력을 잡게 됐지.

"우리 무사들은 새 정부를 만들 것이다. 이제 일본은 우리 무사들이 다스린다!"

미나모토 가문은 무사들의 정부인 '막부'를 만들었어. 막부의 총대장은 '쇼군'이라고 불렀지. 일본의 왕은 천황이었지만, 천황은 막강한 군대를 가진 쇼군에게 꼼짝도 할 수 없었어. 천황은 쇼군이 원하는 것이 있으면 그게 무엇이든 들어줄 수밖에 없었지. 이제 일본은 무사들이 다스리는 나라가 된 거야. 이때부터 천황은 직접 나라를 다스리지 않고 그저 일본을 상징하는 역할만 하게 되었어.

천황

(天하늘 천, 皇임금 황) 일본의 왕을 이르는 말이야. 천황은 일본을 실제로 다스리지는 않지만 일본의 상징으로 지금까지 대를 이어오고 있지. 천황은 위기 상황이 닥칠 때마다 일본 사람들의 마음을 한데 모으는 데 큰 역할을 했어.

막부

옛날 일본에서 무사들이 세웠던 정부를 의미해. 막부의 '막(幕)'은 천막이라는 뜻인데, 원래는 장군들이 전쟁터에서 천막을 치고 작전을 지휘했던 임시 본부를 가리키는 말이었지.

❹ 막강(莫없을 막, 強강할 강) 더할 수 없이 셈. ❺ 취급(取가질 취, 扱다룰 급) 사람이나 사건을 어떤 태도로 대하거나 처리함. ❻ 오만(傲거만할 오, 慢거만할 만) 태도나 행동이 건방지거나 거만함.

1

중심 내용

이 글을 읽고 다음 문장에 들어갈 알맞은 말을 골라 ○표 해 보세요.

일본은 원래 (**천황** / **쇼군**)이 다스리는 나라였다. 하지만 무사 가문이 권력을 잡으며 '막부'를 세웠고, 일본은 (**귀족** / **무사**)들이 다스리는 나라로 바뀌게 되었다.

2

내용 이해

이 글을 읽고 다음 문장에서 잘못된 말을 찾아 맞게 고쳐 보세요.

(1) 다이라 가문과 미나모토 가문은 평민 가문이었어.

잘못된 낱말: ________________ ➡ 고친 낱말: ________________

(2) 힘을 잃은 '쇼군'은 직접 나라를 다스리지 않고 일본을 상징하는 역할만 하게 되었어.

잘못된 낱말: ________________ ➡ 고친 낱말: ________________

3

내용 이해

이 글의 내용과 일치하지 않는 것을 골라 보세요. (   )

① 다이라 가문은 미나모토 가문을 몰아내고 막부를 세웠다.
② 막부의 총대장 쇼군은 천황을 제치고 나라를 다스리게 되었다.
③ 천황은 쇼군이 원하는 것이라면 무엇이든 들어줄 수밖에 없었다.
④ 다이라 가문이 권력을 잡자, 천황도 다이라 가문의 여자와 결혼을 해야 했다.

4

내용 적용

이 글의 쇼군이 연설을 하고 있어요. 빈칸에 들어갈 말로 알맞은 것을 골라 보세요. (   )

쇼군: 이제 일본은 우리 무사들이 다스릴 것이다! 천황은 허수아비나 다름없다!
왜냐하면 ________________________________

① 천황의 자리가 사라졌기 때문이지.
② 천황은 몸이 몹시 허약하기 때문이지.
③ 천황이 일본 땅 대부분을 백성들에게 나누어 주었기 때문이지.
④ 천황은 막강한 군대를 가진 쇼군에게 꼼짝할 수 없기 때문이지.

5 빈칸을 채우며 이 글의 내용을 정리해 보세요.

핵심 정리

일본에 싸움을 잘하는 두 무사 가문이 있었다. 두 가문은 치열한 다툼을 벌였고, 결국 미나모토 가문이 승리를 거두었다. 미나모토 가문은 무사들이 다스리는 정부인 ① [|]를 세웠다. 이 정부의 총대장은 ② [|]이라 불렸고, 일본의 왕인 ③ [|]은 일본을 상징하는 역할만 하게 되었다.

어휘 학습

6 낱말의 알맞은 뜻을 찾아 선으로 이어 보세요.

어휘 복습

(1) 무사 •　　　• ① 태도나 행동이 건방지거나 거만함.

(2) 가문 •　　　• ② 무예를 익혀 그것을 쓰는 일을 하는 사람.

(3) 오만 •　　　• ③ 가족 또는 가까운 일가로 이루어진 공동체.

7 보기에서 알맞은 낱말을 찾아 밑줄 친 말을 바꾸어 써 보세요.

어휘 적용

보기	불공정	막강	취급

(1) 판결이 내려지기도 전에 경찰은 그 남자를 범인처럼 대하고 처리했다.

➡ 판결이 내려지기도 전에 경찰은 그 남자를 범인처럼 (　　　　　　)했다.

(2) 서로 다른 출발선에서 달리기를 시작하는 것은 한쪽에 치우쳐 공평하지 않은 일이다.

➡ 서로 다른 출발선에서 달리기를 시작하는 것은 (　　　　　　)한 일이다.

▶ 정답 17쪽

가로세로 핵심어 찾기!

가로세로 열쇠 힌트를 읽고, 알맞은 핵심어를 넣어 가로세로 역사 퍼즐을 완성해 보세요.

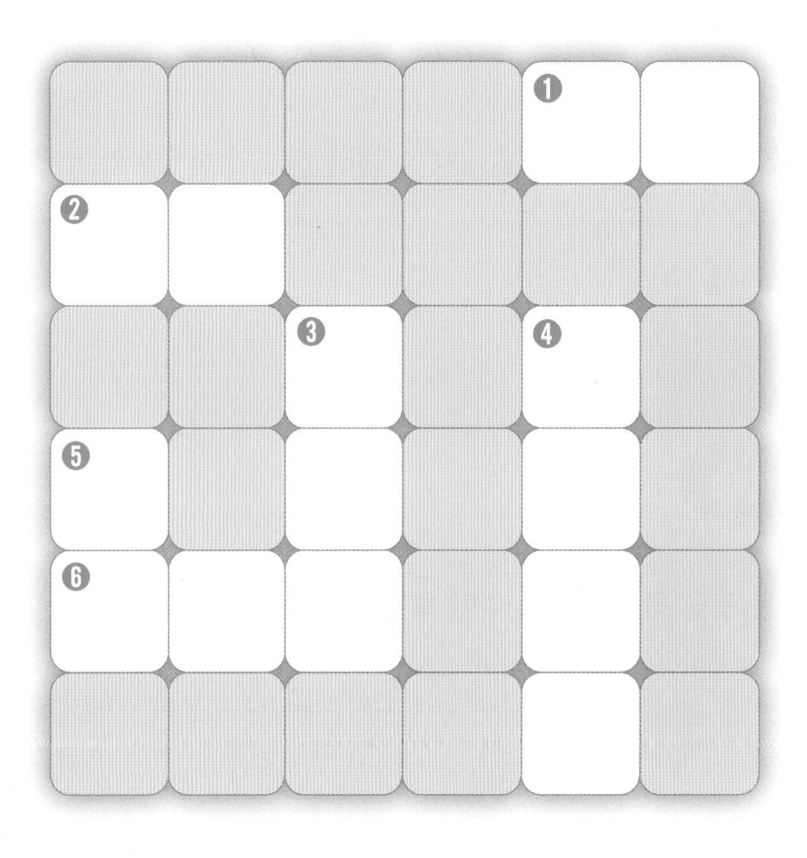

가로 열쇠

❶ 일본에서 무사들의 정부인 막부의 총 대장을 말해. 일본의 왕은 천황이지만, 천황은 ○○에게 꼼짝도 할 수가 없었어.

❷ 고선지 장군은 서역으로 떠나 ○○의 요새를 공격하라는 명령을 받았어.

❻ 조광윤은 부하들에게 떠밀려 어쩔 수 없이 ○○○를 세우고 첫 번째 황제 송 태조가 되었어.

세로 열쇠

❸ ○○○는 송나라를 물리치고 중국의 북쪽 절반을 집어삼켰어.

❹ 송 태조가 내세운 정책이야. 글공부를 하는 문신들이 나랏일을 모두 맡아본다는 뜻이지.

❺ 중국 남쪽으로 도망가 계속 유지된 송나라를 ○○이라고 해.

새롭게 등장한 이슬람교는 아라비아반도를 중심으로
빠르게 퍼져 나갔어. 대체 그 비결이 무엇이었을까?

- **535년** 유스티니아누스, 서유럽 정복
- **610년** 무함마드, 이슬람교 창시
- **612년** 살수 대첩
- **661년** 알리, 암살 당함
- **676년** 신라, 삼국 통일
- **726년** 1차 성상 파괴 운동

회차	학습 내용	교과서 핵심어	교과 연계	학습 계획일
11	**무함마드**, 이슬람교를 만들다	★ 무함마드 ★ 아라비아반도 ★ 알라 ★ 이슬람교	【중학 역사 Ⅰ】 2. 세계 종교의 확산과 지역 문화의 형성 ③ 이슬람 문화권의 형성과 확산	월 일
12	**알리**의 죽음, 이슬람교를 둘로 나누다	★ 알리 ★ 이슬람교 ★ 칼리프	【중학 역사 Ⅰ】 2. 세계 종교의 확산과 지역 문화의 형성 ③ 이슬람 문화권의 형성과 확산	월 일
13	세계 곳곳을 누빈 **아라비아 상인**	★ 아라비아반도 ★ 아라비아 상인 ★ 아라비아 숫자	【중학 역사 Ⅰ】 2. 세계 종교의 확산과 지역 문화의 형성 ③ 이슬람 문화권의 형성과 확산	월 일
14	**유스티니아누스**, 로마 제국의 부활을 꿈꾸다	★ 유스티니아누스 ★ 동로마 제국 ★ 비잔티움 제국	【중학 역사 Ⅰ】 2. 세계 종교의 확산과 지역 문화의 형성 ④ 크리스트교 문화의 형성과 확산	월 일
15	**크리스트교** 세계가 둘로 갈라지다	★ 크리스트교 ★ 성상 파괴령 ★ 정교 ★ 가톨릭	【중학 역사 Ⅰ】 2. 세계 종교의 확산과 지역 문화의 형성 ④ 크리스트교 문화의 형성과 확산	월 일
역사 놀이터	**핵심어로 사다리 타기!**			

무함마드, 이슬람교를 만들다

이슬람교는 세계에서 두 번째로 신자가 많은 종교래. 이슬람교는 어떻게 탄생했을까?

인물 사전

무함마드
(570년 ~ 632년)
이슬람교를 만든 사람이야. 동굴에서 명상을 하다가 신의 계시를 받았지. 이슬람교에서는 무함마드의 얼굴을 그리는 걸 금지해. 그래서 무함마드를 그린 초상화는 많지 않아.

교과서 핵심어 | ★무함마드 ★아라비아반도 ★알라 ★이슬람교

아라비아반도에 사는 사람들을 아랍인이라고 해. 아랍인들은 오랜 옛날부터 낙타를 타고 아라비아반도의 드넓은 사막을 오가며 살았어. 사막길을 이용해 무역[1]을 하고, 사막을 건너는 사람들의 길잡이[2]가 되어주기도 했지.

그런데 아랍인들은 좀처럼 하나로 뭉쳐 평화롭게 살지 못했어. 부족마다 서로 다른 신을 믿어서 사이가 좋지 않았거든. 부족 사이의 다툼이 치열해질 때면, 부모를 잃어 고아가 된 아이들과 재산을 빼앗겨 빈털터리[3]가 된 사람들이 늘어났지. 아랍인 상인이었던 무함마드는 이런 모습을 보며 고민이 많았어.

'모든 아랍인이 평화롭게 살 수 있는 길이 없을까?'

무함마드는 마을 뒤편의 산에서 자주 명상[4]에 잠기곤 했지. 그러던 어느 날, 동굴에서 명상을 하고 있던 무함마드의 눈앞에 키가 큰 사내가 나타났어. 그러자 어둡던 동굴이 별안간 환하게 밝아졌지.

"헉, 누구십니까?"

"무함마드! 나는 신의 명령을 받고 왔다. 세상에 알려라. 알라께서 세상 모든 것을 만드시고 인간을 창조하셨다. 세상의 신은 오직 알라 한 분뿐이다!"

무함마드는 겁에 질려서 집으로 돌아왔어. 하지만 곰곰이 생각한 끝에 결국 자신이 신의 계시[5]를 들었다

---

❶ 무역(貿살 무, 易바꿀 역) 지역이나 나라 사이에 서로 물건을 사고파는 일. ❷ 길잡이 길을 인도해 주는 사람이나 사물. ❸ 빈털터리 재산을 다 없애고 아무것도 가진 것이 없는 가난뱅이. ❹ 명상(冥어두울 명, 想생각 상) 고요히 눈을 감고 생각함. ❺ 계시(啓열 계, 示보일 시) 신이 가르침을 내리는 것.

고 생각하게 됐지. 무함마드는 길거리로 나가 자신이 깨달은 것을 알리기 시작했어.

"여러분! 이 세상에 신은 오직 알라 한 분뿐입니다. 알라의 말씀대로 어려운 사람들을 돌보고, 가진 것을 나누십시오!"

무함마드의 이야기를 들은 사람들은 모두들 ⑥의아해했어. 몹시 기분 나빠하는 사람도 있었지.

"신이 오직 하나뿐이라니, 그럼 우리가 믿는 신은 다 가짜라는 건가? 불쾌하군!"

하지만 시간이 흐를수록 무함마드의 말에 귀를 기울이는 사람이 많아졌어.

"우리 모두 알라를 믿는다면 한 형제가 되는 것이니, 더 이상 싸우지 않아도 되는 거 아닌가요?"

"맞아요. 그럼 가난한 사람도 사라지고, 고아도 없어질 거예요!"

이렇게 무함마드의 가르침에 따라 알라를 섬기는 종교가 만들어졌어. 이것이 바로 이슬람교야. 이슬람교는 아랍인들 사이에서 빠르게 퍼져 나갔고, 많은 사람들이 이슬람교를 믿고 따르게 되었지.

이슬람교를 믿는 사람들은 무함마드의 가르침에 따라 가진 것을 베풀고, 서로를 보살피기 시작했어. 그러자 싸움이 끊이지 않던 아라비아반도에도 평화가 찾아왔지.

오늘날 이슬람교는 크리스트교, 불교와 함께 세계 3대 종교 중 하나로 불릴 만큼 큰 종교가 되었어. 이슬람교를 만든 무함마드는 이슬람교 최고의 ⑦성인으로 떠받들어지며 많은 존경을 받고 있지.

알라

이슬람교에서 모시는 유일한 신이야. 아랍어로 '신'이라는 뜻이지. 흔히 쓰이는 '알라신'은 잘못된 표현이야.

아라비아반도

서아시아와 아프리카 사이에 위치한 장화 모양의 반도야. 대부분의 땅이 사람이 살기 어려운 사막이지.

⑥ 의아(疑의심 의, 訝의심 아) 의심스럽고 이상함. ⑦ 성인(聖성스러울 성, 人사람 인) 매우 뛰어나 길이 우러러 본받을 만한 사람.

독해 학습

1 중심 내용

이 글의 중심 내용으로 알맞은 것에 ○표 해 보세요.

① 이슬람교를 창시한 무함마드	② 알라를 직접 만난 무함마드	③ 여러 신을 믿었던 아라비아반도 사람들
( )	( )	( )

2 인물 이해

이 글의 무함마드에 대한 설명으로 알맞은 것을 모두 선으로 이어 보세요.

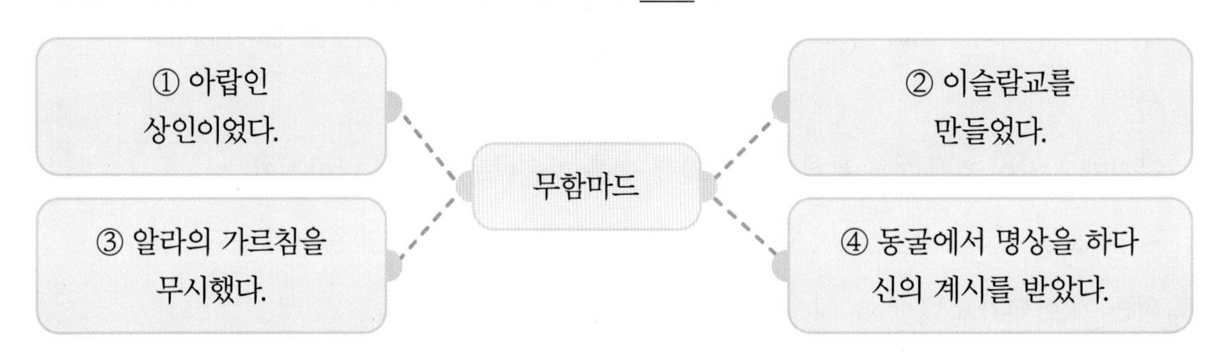

3 내용 이해

이 글의 내용과 일치하면 ○표, 일치하지 않으면 X표 해 보세요.

(1) 오늘날 이슬람교는 세계 3대 종교 중 하나이다. ( )

(2) 이슬람교는 알라를 비롯해 여러 신을 섬기는 종교이다. ( )

(3) 이슬람교를 만든 알라는 이슬람교 최고의 성인으로 모셔진다. ( )

(4) 아랍인들은 이슬람교를 믿기 전 서로 다른 신을 믿으며 살았다. ( )

4 자료 해석

이 글을 읽고 빈칸에 들어갈 말로 알맞은 것을 골라 보세요. ( )

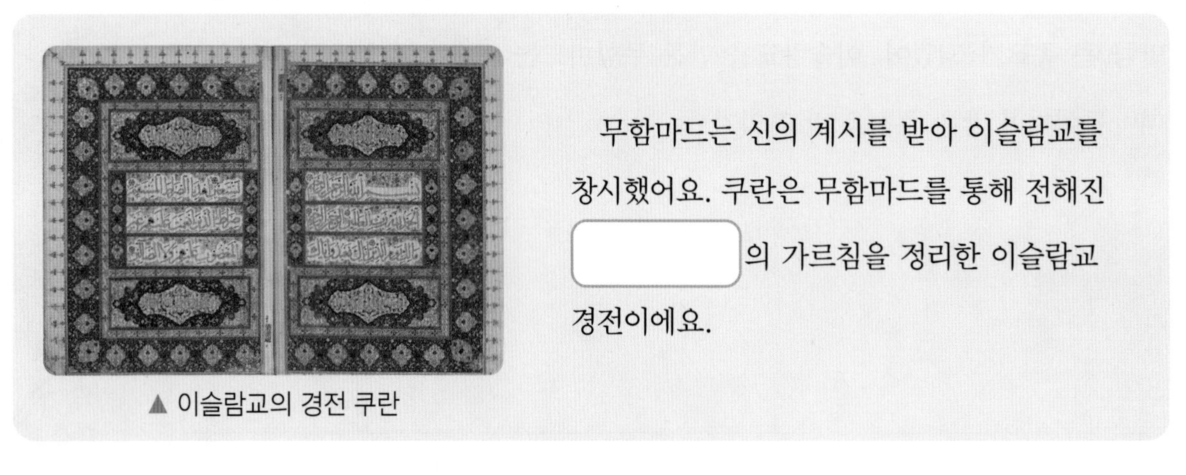

▲ 이슬람교의 경전 쿠란

무함마드는 신의 계시를 받아 이슬람교를 창시했어요. 쿠란은 무함마드를 통해 전해진 [   ]의 가르침을 정리한 이슬람교 경전이에요.

① 알라　② 부처　③ 예수　④ 선생님

▶ 정답과 풀이 7쪽

5 빈칸을 채우며 이 글의 내용을 정리해 보세요.

핵심 정리

아랍인들의 종교, 그것이 알고 싶다!	
종교 이름	① □□□□
만든 사람	② □□□□
특징	• 오늘날 세계 3대 종교 중 하나이다. • 알라를 세상의 하나뿐인 신이라 여기고 섬긴다.

어휘 학습

6 낱말의 알맞은 뜻을 찾아 선으로 이어 보세요.

어휘 복습

(1) 무역 •
(2) 명상 •
(3) 의아 •

• ① 의심스럽고 이상함.
• ② 고요히 눈을 감고 생각함.
• ③ 지역이나 나라 사이에 서로 물건을 사고파는 일.

7 밑줄 친 낱말의 알맞은 뜻을 골라 번호를 써 보세요.

어휘 적용

성인	① (成이룰 성 人사람 인) 자라서 어른이 된 사람. 예 소년은 다 자라 **성인**이 되었다. ② (聖성스러울 성 人사람 인) 매우 뛰어나 길이 우러러 본받을 만한 사람. 예 무함마드는 이슬람교의 **성인**이다.

(1) 이 목욕탕은 성인과 아동의 요금이 다릅니다. (　　　)

(2) 우리도 옛 성인의 가르침을 본받아 가난한 이웃을 돕자. (　　　)

12 알리의 죽음, 이슬람교를 둘로 나누다

이슬람교를 믿는 사람들이 둘로 나뉘어 으르렁대고 있어! 대체 무슨 일이 있었던 걸까?

교과서 핵심어	★알리 ★이슬람교 ★칼리프

무함마드에게는 알리라는 사촌 동생이 있었어. 무함마드는 어렸을 적부터 알리를 아들처럼 아꼈고, 알리는 무함마드를 가장 가까이에서 모셨지. 그래서 무함마드가 세상을 떠나자 알리를 이슬람교의 지도자인 '칼리프'로 뽑자는 사람들이 있었어.

"알리님이야말로 무함마드님의 ❶후계자로 가장 적절합니다. 무함마드님과 같은 ❷집안인데다 무함마드님이 아들처럼 아꼈던 분 아닙니까?"

하지만 이런 의견에 반대하는 사람도 많았어.

"칼리프는 왕이 아닙니다. 같은 집안이라고 그냥 물려받는 자리가 아니에요! 칼리프는 알리보다 능력도 있고 나이도 지긋하신 분이 맡아야 해요."

결국 알리는 칼리프로 뽑히지 못했어. 알리가 칼리프가 되길 바랐던 사람들은 불만에 가득 찼지. 더구나 알리 대신 칼리프가 된 사람이 자기 ❸실속만 챙기고, 세금을 많이 거두자 불만은 더욱 커졌어.

"욕심 많은 칼리프를 몰아내자! 알리님이야말로 무함마드님의 진정한 후계자다!"

알리를 ❹지지하는 사람들은 칼리프를 죽였어. 그리고 알리를 새로운 칼리프로 뽑았지. 이제 이슬람 세계는 알리를 지지하는 사람들과, 알리에 반대하는 사람들로 나뉘어 전쟁을 벌이게 되었어.

알리는 이런 상황이 너무나 괴로웠어.

'우리는 서로 싸우지 않으려고 이슬람교를 받아들였는데, 왜 또 전쟁을 하고 있는 것인가? 아무래도 화해를 해야겠다.'

알리는 전쟁을 멈추고 일단 대화부터 나눠보려고 했어. 그런데 이 소식이 알

알리
(601년 ~ 661년)

무함마드의 사촌이자 제4대 칼리프야. 둘로 나뉜 이슬람교를 하나로 합치려 애썼지만 이를 반대하는 사람들에게 암살 당하고 말았어.

---

❶ 후계자(後뒤 후, 繼이을 계, 者사람 자) 어떤 일이나 사람의 뒤를 잇는 사람. ❷ 집안 가족을 구성원으로 하여 살림을 꾸려 나가는 공동체. ❸ 실속(實열매 실) 겉으로 드러나지 않는 실제의 이익. ❹ 지지(支지탱할 지, 持가질 지) 어떤 사람이나 정책, 의견 등에 찬성하여 이를 위하여 힘을 씀.

려지자 크게 ⑤반발하는 사람들도 있었지.

"누구 맘대로 전쟁을 그만둔다는 겁니까? 알리도 믿을 수 없군요. 알리를 죽여야 합니다!"

결국 알리는 한때 자신을 지지했던 사람들에게 둘러싸여 목숨을 잃고 말았어. 하지만 그 후로도 싸움은 멈추지 않았지. 이때부터 이슬람교도들은 크게 둘로 갈라졌어.

"무함마드님의 ⑥정당한 후계자는 오직 알리뿐입니다. 그러니 칼리프 자리는 알리님의 ⑦후손에게 넘겨야 하오!"

"말도 안 되는 소리! 가장 능력이 있는 사람이 칼리프가 되는 게 맞소!"

이 두 ⑧세력은 1,400년이 지난 지금까지도 칼리프 ⑨계승을 두고 티격태격 다투고 있어. 오늘날에는 알리를 비롯해 무함마드의 후손만이 칼리프가 될 수 있다는 사람들을 시아파라고 해. 반면 무함마드의 후손이 아니더라도 누구나 능력만 있으면 칼리프가 될 수 있다는 사람들은 수니파라고 하지. 시아파와 수니파는 여전히 마음을 하나로 합치지 못한 채 계속 갈등 중이야.

칼리프

'대리인'이라는 뜻으로, 무함마드의 뒤를 이은 이슬람교의 지도자를 말해.

⑤ **반발**(反돌이킬 반, 撥휠 발) 어떤 상태나 행동에 대하여 거스르고 반항함. ⑥ **정당**(正바를 정, 當마땅할 당) 이치에 맞아 올바르고 마땅함. ⑦ **후손**(後뒤 후, 孫자손 손) 자신의 세대에서 여러 세대가 지난 뒤의 자녀를 통틀어 이르는 말. ⑧ **세력**(勢권세 세, 力힘 력) 어떤 속성이나 힘을 가진 집단. ⑨ **계승**(繼이을 계, 承이을 승) 왕이나 권력자의 자리를 물려받음.

1 중심 내용

빈칸을 채워 이 글의 중심 내용을 완성해 보세요.

이슬람교의 지도자 [| |] 의 계승 문제를 두고 둘로 갈라진 이슬람교

2 인물 이해

이 글의 알리에 대한 설명으로 알맞은 것을 모두 선으로 이어 보세요.

알리

① 무함마드의 아들이다.

② 끝내 칼리프가 되지 못했다.

③ 자신을 반대하는 세력과 화해하려고 했다.

④ 한때 자신을 지지했던 세력에게 죽임을 당했다.

3 내용 이해

이 글의 이슬람교도가 다음과 같이 말한 까닭으로 알맞은 것을 골라 보세요. (   )

욕심 많은 칼리프를 몰아내자!

① 칼리프가 알리를 죽였기 때문이다.

② 무함마드를 쫓아내고 칼리프 자리에 올랐기 때문이다.

③ 알리가 칼리프가 되기에는 나이가 너무 어렸기 때문이다.

④ 알리 대신 칼리프가 된 사람이 자기 실속만 챙겼기 때문이다.

4 지도 읽기

지도를 보고 대화를 나누었어요. 이 글의 내용과 일치하지 않는 것을 골라 보세요. (   )

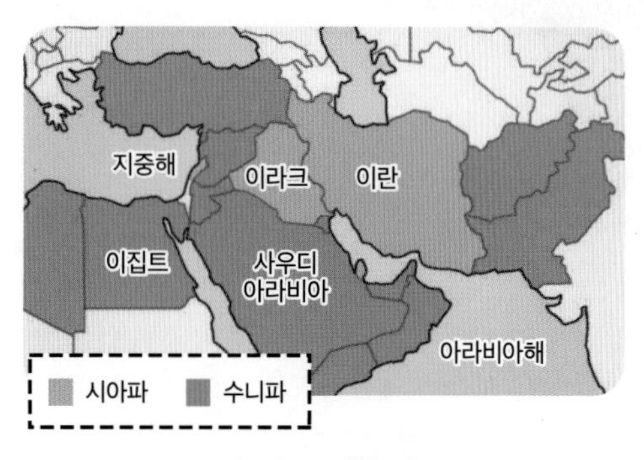

▲ 2022년 기준 이슬람교 분포도

① 수재: 시아파 나라보다 수니파 나라들이 더 많구나.

② 영심: 알리가 죽은 뒤 이슬람교는 하나로 다시 뭉쳤구나.

③ 선애: 시아파는 알리를 지지했던 사람들과 생각이 같을 거야.

④ 하다: 수니파는 누구든 능력만 있으면 칼리프가 될 수 있다고 생각해.

▶ 정답과 풀이 7쪽

5 빈칸을 채우며 이 글의 내용을 정리해 보세요.

핵심 정리

둘로 갈라진 ① [ ][ ][ ][ ]	
계기	알리의 죽음과 칼리프 계승 문제
시아파	수니파
② [ ][ ]의 후손에게 칼리프 자리를 넘겨야 한다.	가장 능력 있는 사람이 칼리프가 되어야 한다.

어휘 학습

6 낱말의 알맞은 뜻을 찾아 선으로 이어 보세요.

어휘 복습

(1) 반발 •

(2) 후손 •

(3) 계승 •

• ① 왕이나 권력자의 자리를 물려받음.

• ② 어떤 상태나 행동에 대하여 거스르고 반항함.

• ③ 자신의 세대에서 여러 세대가 지난 뒤의 자녀를 통틀어 이르는 말.

7 밑줄 친 낱말의 알맞은 뜻을 골라 빈칸에 번호를 써 보세요.

어휘 적용

지지	① (支지탱할 지 持가질 지) 무거운 물건을 받치거나 버팀. 예 쓰러지지 않게 **지지**할 받침대가 필요하다. ② (支지탱할 지 持가질 지) 어떤 사람이나 정책, 의견 등에 찬성하여 이를 위하여 힘을 씀. 예 대통령을 **지지**하는 사람이 많다.

(1) 나의 제안이 압도적인 지지로 통과되었다. (   )

(2) 척추 건강을 위해 허리를 지지해 주는 의자를 써야 한다. (   )

13 세계 곳곳을 누빈 아라비아 상인

아라비아 상인들이 세계를 누비며 어떤 일이 벌어졌을까?

교과서 핵심어 | ★아라비아반도 ★아라비아 상인 ★아라비아 숫자

"슬슬 올 때가 됐는데……."

아라비아반도에 사는 압둘은 이른 아침부터 ❶초조한 듯 항구를 서성이고 있었어. 압둘은 세계 여러 나라에서 귀한 물건들을 구해 와 시장에 내다 파는 상인이었지. 오늘은 압둘이 기다리고 기다리던 날이야. 인도에서 귀한 ❷향신료를 실은 배가 도착하기로 했거든.

한참을 서성인 끝에, 항구에 압둘이 기다리던 배가 나타났어. 압둘은 반가운 마음에 ❸선착장으로 달려가 큰 소리로 외쳤지.

"핫산! 오랜만이네. 이번에도 좋은 물건을 가져왔겠지?"

배에서 내린 핫산은 고개를 끄덕였어. 핫산의 뒤에서는 선원들이 향신료가 가득 담긴 상자를 내리고 있었지. 주변에 ❹알싸한 향신료 냄새가 번졌어.

"자, 이건 인도에서 온 후추, 저건 인도네시아에서 온 계피라네. 그리고 이건 자네한테 주려고 특별히 구해 온 선물일세!"

핫산이 꺼낸 선물을 본 압둘은 깜짝 놀랐어.

"이건 비단이잖아?"

"그래, 내가 이번 항해에서 직접 중국까지 가서 구해 온 거라네. 지난번에 우리 배가 폭풍으로 ❺난파됐을 때, 연락을 받고 흔쾌히 사람을 보내서 배를 고쳐 주지 않았나? ❻은혜를 갚는다 생각하고 받아 주게나."

압둘은 껄껄 웃었어. 아라비아 상인들은 바다와 사막의 무역로를 통해 전 세계를 누볐어. 그래서 압둘도 세계 곳곳에 아는 상인이 많았지. 압둘은 핫산의 배가 난파됐다는 소식을 듣고 얼른 사람을 보내 도움을 주었던 거야.

"은혜라니, 어려운 일이 생기면 서로 돕고 사는 거지! 고맙게 받겠네."

---

❶ **초조**(焦탈 초, 燥애태울 조) 애가 타서 마음이 조마조마함. ❷ **향신료**(香향 향, 辛매울 신, 料재료 료) 음식에 맵거나 향기로운 맛을 더하는 조미료. ❸ **선착장**(船배 선, 着붙을 착, 場장소 장) 배가 와서 닿는 곳. ❹ **알싸하다** 코 속이나 혀끝이 아리고 쏘는 느낌이 있다. ❺ **난파**(難어려울 난, 破깰 파) 배가 항해 중에 폭풍우 등을 만나 부서지거나 뒤집힘.

"아, 그리고 알려줄 게 하나 더 있네. 이번에 인도 사람들이 쓰던 숫자를 배워 왔는데, 이게 장사를 할 때 쓰면 정말 편하더군. 많은 돈도 쉽게 셀 수 있고, 덧셈이나 뺄셈을 하기도 아주 쉬워. 한번 배워 보겠나?"

핫산은 인도에서 배운 숫자를 손수 바닥에 적어 압둘에게 보여줬어. 아라비아 상인들은 이렇게 인도 사람들이 쓰던 숫자를 배워 와 세계 곳곳에 퍼뜨렸지. 아라비아 상인들이 전 세계로 퍼뜨린 숫자가 오늘날 우리가 사용하는 '아라비아 숫자'야.

핫산과 압둘 같은 아라비아 상인들은 세계 ⑦방방곡곡을 누비며 가는 곳마다 새로운 문화와 ⑧문물을 퍼뜨렸어. 이슬람교 역시 아라비아 상인들을 통해 세계 곳곳으로 퍼져 나갔지.

아라비아 상인들은 우리나라에도 나타났어. 아라비아 상인들은 신라 시대에 처음으로 한반도에 모습을 드러냈고, 이후 고려 시대에는 아라비아 상인들이 더 많이 드나들었지. '고려'라는 이름도 이때 아라비아 상인들에 의해 세계 곳곳에 퍼져 나갔어. 그래서 우리나라가 고려의 외국 발음인 '코리아'로 세계에 널리 알려진 거야.

---

⑥ 은혜(恩인정 은, 惠은혜 혜) 고맙게 베풀어 주는 도움. ⑦ 방방곡곡(坊동네 방, 坊동네 방, 曲굽을 곡, 曲굽을 곡) 모든 곳. ⑧ 문물(文글월 문, 物물건 물) 문자, 종교, 예술 등 문화의 산물.

1 중심 내용

이 글의 중심 내용으로 알맞은 것을 골라 보세요. (   )

① 세계의 발전을 이끈 인도 숫자
② 폭풍을 만나 난파된 핫산의 배
③ 세계 곳곳으로 퍼져 나간 이슬람교
④ 다양한 문화를 세계 곳곳에 퍼뜨린 아라비아 상인

2 내용 이해

이 글의 내용과 일치하지 않는 것을 골라 보세요. (   )

① '코리아'라는 이름은 '고려'의 외국 발음에서 유래하였다.
② 아라비아 상인은 바다와 사막의 무역로를 통해 세계를 누볐다.
③ 오늘날 우리가 쓰는 아라비아 숫자는 중국 사람들이 만들었다.
④ 아라비아 상인은 신라 시대에 처음으로 한반도에 모습을 드러냈다.

3 내용 적용

이 글의 핫산이 강연회를 열었어요. 강연회의 내용으로 알맞은 것을 모두 골라 보세요.
(,   )

강연 제목: 아라비아 상인 덕분에 벌어진 일

① 나라 간에 전쟁이 자주 일어났다.
② 중국의 향신료가 인도에 전해졌다.
③ 이슬람교가 여러 나라에 전해졌다.
④ 고려가 '코리아'라는 이름으로 외국에 알려지게 되었다.

4 지도 읽기

지도를 보고 대화를 나누었어요. 이 글의 내용과 일치하지 않는 것을 골라 보세요. (   )

▲ 아라비아 상인들이 다녔던 길

① 하다: 아라비아 상인들이 우리나라에도 왔었구나!
② 영심: 아라비아 상인들은 베트남과는 교류한 적이 없어.
③ 선애: 아라비아 상인들은 인도에서 향신료를 구했을 거야.
④ 수재: 아라비아 상인들 덕분에 아라비아 숫자가 널리 쓰이는 거야.

5 빈칸을 채우며 이 글의 내용을 정리해 보세요.

핵심 정리

□□□□ □□은 바다와 사막의 무역로를 통해 세계 곳곳을 다녔다. 덕분에 세계 많은 사람이 새로운 문화와 문물을 접할 수 있었다.

어휘 학습

6 낱말의 알맞은 뜻을 찾아 선으로 이어 보세요.

어휘 복습

(1) 문물 •

(2) 향신료 •

(3) 선착장 •

• ① 배가 와서 닿는 곳.

• ② 문자, 종교, 예술 등 문화의 산물.

• ③ 음식에 맵거나 향기로운 맛을 더하는 조미료.

7 빈칸에 들어갈 알맞은 낱말을 보기에서 찾아 문장을 완성해 보세요.

어휘 적용

보기	초조	난파	은혜	방방곡곡

(1) 거짓말이 들킬까 봐 ________________했다.
ㄴ 애가 타서 마음이 조마조마함.

(2) 거센 폭풍우 때문에 유람선이 완전히 ________________되었다.
ㄴ 배가 항해 중에 폭풍우 등을 만나 부서지거나 뒤집힘.

(3) 나는 세계 ________________을 다니며 다양한 국적의 친구들을 사귀었다.
ㄴ 모든 곳.

14 유스티니아누스, 로마 제국의 부활을 꿈꾸다

화려했던 로마 제국의 부활을 꿈꾸다니, 유스티니아누스는 야심이 무척 컸나 봐!

유스티니아누스 1세 (482년 ~ 565년)

비잔티움 제국의 전성기를 이끈 황제야. 무너진 서로마 제국의 옛 땅을 다시 정복하고, 로마의 법을 정리해 법전을 만들기도 했어.

교과서 핵심어 | ★유스티니아누스 ★동로마 제국 ★비잔티움 제국

한때 강력했던 로마 제국은 이민족의 ❶침략에 시달리다가 많은 땅을 빼앗겼어. 이제 로마 제국은 반으로 나뉘어 서쪽에는 여러 이민족의 왕국이 들어섰고, 동쪽 절반만 남아서 옛 영광을 이어가고 있었지. 이렇게 동쪽 절반만 남은 로마 제국을 동로마 제국, 혹은 비잔티움 제국이라고 불러.

그런데 이때, ❷비장한 ❸각오를 불태우는 사람이 있었지.

"나는 옛 로마 제국을 꼭 ❹부활시키고야 말겠소."

바로 비잔티움 제국의 유스티니아누스 황제야. 유스티니아누스는 로마 제국 서쪽을 차지한 이민족들을 모두 쫓아내 로마 제국을 부활시키겠다는 꿈을 가지고 있었지.

하지만 비잔티움 제국에는 황제의 계획을 반대하는 사람이 많았어.

"서쪽은 이미 이민족들의 ❺약탈로 엉망이 됐습니다. 우리 비잔티움 제국을 제대로 관리하는 것만으로도 벅찹니다."

"맞습니다. 게다가 지금 동쪽에서 이웃 나라 페르시아의 침략이 계속되고 있습니다. 서쪽으로 군대를 보내면 페르시아의 공격을 막아 낼 수가 없어요."

하지만 유스티니아누스 황제는 아랑곳하지 않고 자신의 계획을 밀고 나갔어.

"페르시아에 돈을 보내라. 원하는 만큼 돈을 주면 당분간 쳐들어오지 않겠지."

유스티니아누스 황제는 우선 페르시아에 많은 돈을 건네주고 평화 ❻협상을 맺었어. 또, 뛰어난 장군들을 뽑아서 군사를 열심히 훈련시켰지. 하지만 비잔티움 제국 사람들은 오히려 전쟁 때문에 살기 어려워질까 봐 불안했어.

"아무래도 황제가 정말로 로마 제국의 서쪽 땅을 되찾으려는 모양인데?"

"전쟁이 일어나면 우리만 고달프잖아! 안 되겠어! 황제를 몰아냅시다."

---

❶ 침략(侵범할 침, 略다스릴 략) 정당한 이유 없이 쳐들어감. ❷ 비장하다(悲슬플 비, 壯굳셀 장) 슬프면서도 그 감정을 억눌러 씩씩하고 장하다. ❸ 각오(覺깨달을 각, 悟깨달을 오) 해야 할 일이나 겪을 일에 대한 마음의 준비. ❹ 부활(復다시 부, 活살 활) 없어지거나 없어져 가던 것이 다시 옛 모습을 찾게 됨.

사람들은 유스티니아누스를 몰아내려고 힘을 모아 반란을 일으켰어. 황제는 크게 당황했지만, 지금껏 훈련시킨 군대를 보내 반란을 철저히 진압[7]했지.

"이제 때가 왔도다. 로마 제국을 부활시키자!"

반란을 진압한 유스티니아누스 황제는 군대를 서쪽으로 출동시켰어. 비잔티움 제국의 군대는 이민족들의 왕국을 차례로 무너뜨리며 옛 로마 제국의 영토를 하나씩 하나씩 되찾았지. 그러자 비잔티움 제국 사람들도 황제를 달리 보기 시작했어.

"와, 우리가 이겼다! 유스티니아누스 황제 만세!"

유스티니아누스는 약 20년에 걸쳐 지중해 일대의 옛 로마 제국 영토를 거의 모두 되찾았어. 로마 제국을 부활을 이끈 유스티니아누스는 지금도 '유스티니아누스 대제[8]'라고 불리며 널리 존경받고 있지.

하지만 안타깝게도 옛 로마를 부활시키려는 계획은 실패했어. 전쟁이 너무 길어지면서 나라가 가난해지고 군사력도 약해졌거든. 그래서 유스티니아누스가 되찾은 땅은 불과 수십 년 후 도로 이민족의 차지가 되어 버렸어. 하지만 비잔티움 제국은 천 년 가까이 이어지며 옛 로마의 전통과 문화를 지켜 나갔지.

역사 사전

비잔티움 제국 (395년 ~ 1453년)

로마 제국이 동과 서로 나뉜 395년부터 오스만 제국에 의해 멸망한 1453년까지 옛 로마 제국의 문화와 전통을 이어간 나라야.

---

⑤ 약탈(掠빼앗을 약, 奪빼앗을 탈) 폭력을 써서 남의 것을 억지로 빼앗음. ⑥ 협상(協도울 협, 商장사 상) 둘 이상의 나라가 외교 문서를 교환하여 어떤 일에 대하여 약속하는 일. ⑦ 진압(鎭누를 진, 壓누를 압) 강압적인 힘으로 억눌러 진정시킴. ⑧ 대제(大큰 대, 帝황제 제) 황제를 높여 이르는 말.

1 이 글의 중심 내용으로 알맞은 것에 O표 해 보세요.

중심 내용

① 옛 로마 제국의 영토를 되찾은 유스티니아누스	② 서로마 제국의 황제로 즉위한 유스티니아누스	③ 페르시아 제국과 전쟁을 치른 유스티니아누스
☐	☐	☐

2 이 글의 유스티니아누스에 대한 검색 결과로 알맞지 않은 것을 골라 보세요. ( )

인물 이해

유스티니아누스

① 비잔티움 제국의 황제였다.
② 유스티니아누스 대제라고도 불린다.
③ 옛 로마 제국을 부활시키려고 하였다.
④ 옛 로마 제국의 영토를 하나도 되찾지 못했다.

3 이 글의 내용과 일치하면 O표, 일치하지 않으면 X표 해 보세요.

내용 이해

(1) 비잔티움 제국을 동로마 제국이라고도 부른다. ( )
(2) 비잔티움 제국은 긴 전쟁 때문에 금방 망해 버렸다. ( )
(3) 전쟁을 반대하던 비잔티움 제국 사람들이 반란을 일으켰다. ( )
(4) 비잔티움 제국은 페르시아와 힘을 합쳐 로마 제국을 부활시켰다. ( )

4 이 글의 유스티니아누스가 연설문을 작성했어요. 이 글의 내용과 일치하지 않는 것을 골라 보세요. ( )

내용 적용

세계를 주름잡았던 ① 로마 제국이 동과 서로 나뉘었습니다. ② 동쪽에는 비잔티움 제국이 로마의 옛 영광을 이어가고 있지만, ③ 서쪽은 이미 이민족들의 약탈로 엉망이 된 지 오래입니다. 저는 옛 로마 제국의 영광을 되살려 볼까 합니다! ④ 페르시아로 군대를 보내 페르시아에게 빼앗긴 로마 제국의 영토를 되찾아옵시다!

▶ 정답과 풀이 8쪽

5 빈칸을 채우며 이 글의 내용을 정리해 보세요.

핵심 정리

① [ ][ ][ ][ ] 제국의 황제인 이 사람은 옛 로마 제국의 부활을 꿈꾸었다. 그는 이민족에게 빼앗긴 로마 제국의 서쪽 영토를 되찾았으며, '② [ ][ ][ ][ ][ ][ ][ ] 대제'라는 이름으로 불리며 많은 존경을 받았다.

어휘 학습

6 낱말의 알맞은 뜻을 찾아 선으로 이어 보세요.

어휘 복습

(1) 각오 •
(2) 부활 •
(3) 비장하다 •

• ① 해야 할 일이나 겪을 일에 대한 마음의 준비.
• ② 슬프면서도 그 감정을 억눌러 씩씩하고 장하다.
• ③ 없어지거나 없어져 가던 것이 다시 옛 모습을 찾게 됨.

7 보기에서 알맞은 낱말을 찾아 밑줄 친 말을 바꾸어 써 보세요.

어휘 적용

보기 침략 약탈 협상 진압 대제

(1) 경찰은 시위대를 강압적인 힘으로 억눌러 진정시켰다.

➡ 경찰은 시위대를 (   )했다.

(2) 어떻게 저 나라는 남의 나라를 정당한 이유 없이 쳐들어갈 수 있는 거지?

➡ 어떻게 저 나라는 남의 나라를 (   )할 수 있는 거지?

| 유럽 |

크리스트교 세계가 둘로 갈라지다

크리스트교 세계는 어떻게 둘로 갈라진 걸까? 성상 파괴령은 무엇일까?

교과서 핵심어 | ★크리스트교 ★성상 파괴령 ★정교 ★가톨릭

크리스트교에는 모든 [1]성직자들을 [2]통솔하는 가장 높은 성직자가 있어. 이 성직자를 '교황'이라고 불러. 교황은 로마 제국의 수도 로마에 살고 있었어. 크리스트교 신자들은 모두 교황을 하느님 다음으로 존경하고 따랐지.

그런데 이민족들이 로마의 땅을 잇따라 빼앗자, 교황은 크게 불안해졌어. 크리스트교를 믿지 않는 이민족들이 언제라도 쳐들어올 수 있었거든. 그래서 교황은 성직자들을 보내서 이민족들에게 크리스트교를 퍼뜨리려고 애썼어. 모두 한마음으로 크리스트교를 믿는다면 전쟁이 일어나지 않을 거라고 생각한 거야.

"자, 여러분. 모두 이 책을 읽어 보시오. 여기 예수님의 가르침이 담겨 있소."

"책? 우리는 글자를 읽을 줄 모르는데? 무슨 가르침인지는 몰라도 돈이나 내놔라!"

이민족 침략자들은 대부분 글을 읽을 줄 몰랐어. 그래서 성직자들은 성경의 장면을 담은 그림을 그리거나, 조각을 만들어서 크리스트교를 알리려고 했지.

"잠깐만! 그럼 여기 이 그림을 보시겠소?"

이때부터 성당 곳곳에 성경의 장면이나 예수님의 모습을 담은 [3]형형색색의 그림과 조각이 걸렸어. 이런 그림과 조각을 '성상'이라고 해.

그러던 어느 날, 비잔티움 제국의 사신이 교황을 찾아왔어.

"황제 폐하의 명령이니, 성상을 모두 부수시오."

"네? 그게 무슨 소립니까?"

"조각이나 그림은 [4]우상일 뿐입니다. 그러니 성당에 조각이나 그림 따위를 걸고 [5]예배를 드리는 것은 성경의 가르침에 어긋납니다!"

이 명령을 '성상 파괴령'이라고 해. 성경의 장면을 담은 그림이나 조각을 모두

---

❶ 성직자(聖성스러울 성, 職벼슬 직, 者사람 자) 신부님이나 스님, 목사님처럼 종교에 관한 일을 맡아서 하는 사람. ❷ 통솔(統큰 줄기 통, 率거느릴 솔) 무리를 거느려 다스림. ❸ 형형색색(形모양 형, 形모양 형, 色빛 색, 色빛 색) 형상과 빛깔 등이 서로 다른 여러 가지.

파괴하라는 명령이지. 성경에는 실제로 '하느님의 모습을 닮은 조각이나 그림을 만들어 섬기지[6] 말라'는 구절이 있어. 이때 비잔티움 제국은 이슬람 제국과 싸우다가 여러 차례 져서 궁지에 몰려 있었어. 비잔티움 제국의 황제는 성경의 가르침을 엄격히 지키지 않은 탓에 전쟁에서 졌다고 생각했지. 그래서 성상 파괴령을 내린 거야.

느닷없는[7] 명령에 교황은 크게 당황했어. 성상이 없다면 이민족들에게 크리스트교를 전하기가 몹시 어려웠거든.

"아무리 황제의 명령이라 해도 성상 파괴령은 받아들일 수 없습니다. 앞으로 교회의 일은 교황이 알아서 할 테니 상관하지 마시오!"

"뭐? 감히 황제의 말을 어기다니!"

성상 파괴령으로 시작된 갈등[8]은 좀처럼 해결되지 않았어. 훗날 크리스트교는 크게 둘로 갈라져 버렸지. 당시 황제의 명령을 따랐던 크리스트교는 '정교'가 되었고, 교황의 명령을 따르는 크리스트교는 '가톨릭'이 되었어. 정교는 비잔티움 제국의 중심 종교가 되며 러시아를 비롯한 동유럽에 큰 영향을 미쳤고, 가톨릭은 프랑스 등 서유럽에 자리 잡으며 서유럽의 중심 종교가 되었지.

---

④ 우상(偶인형 우, 像형상 상) 신처럼 숭배의 대상이 되는 사람이나 사물. ⑤ 예배(禮예절 예, 拜절 배) 신과 같은 존재에게 기도하며 공경하는 의식. ⑥ 섬기다 신이나 윗사람을 잘 모시어 받들다. ⑦ 느닷없다 나타나는 모양이 아주 뜻밖이고 갑작스럽다. ⑧ 갈등(葛칡 갈, 藤등나무 등) 서로 생각이 달라 부딪치는 것.

1 중심 내용

빈칸을 채워 이 글의 중심 내용을 완성해 보세요.

정교와 가톨릭으로 갈라진 ☐☐☐☐☐

2 내용 이해

이 글을 읽고 각 인물의 생각으로 알맞은 것을 선으로 이어 보세요.

(1) 황제 •   • ① 성상이 웬 말이냐! 성경 말씀을 어기니, 전쟁에서 자꾸 지는 거야!

(2) 교황 •   • ② 글을 모르는 이민족들을 위해 성상을 만들어 크리스트교를 알려야 합니다!

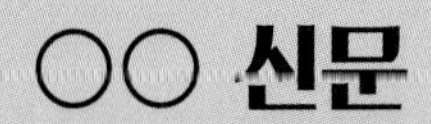

3 내용 적용

다음 신문 기사에서 이 글의 내용과 일치하지 않는 것을 골라 보세요. (   )

○○ 신문 ○○년 ○○월 ○○일

〈속보〉 황제, 성상 파괴령을 내리다

① 비잔티움 제국의 황제가 성상 파괴령을 내렸다. 황제는 성경 말씀에 따라 ② 성상을 섬겨서는 안 된다고 주장했다. 교황은 ③ 이민족에게 크리스트교를 전하려면 성상을 파괴해야 한다며 찬성했다. 그리하여 ④ 크리스트교는 크게 정교와 가톨릭으로 갈라지게 되었다.

4 추론

이 글의 비잔티움 제국의 황제가 다음과 같이 말한 뒤 일어날 일로 알맞지 않은 것을 골라 보세요. (   )

① 교황도 성상을 파괴한다.
② 교황이 황제의 명령에 반대한다.
③ 황제가 교황에게 사신을 보낸다.
④ 크리스트교가 크게 둘로 갈라진다.

▶ 정답과 풀이 9쪽

5 빈칸을 채우며 이 글의 내용을 정리해 보세요.

핵심 정리

교황은 글을 읽지 못하는 이민족에게 크리스트교를 전하기 위해
성경의 장면이 담긴 그림이나 예수의 모습을 한 성상을 만들었다.

⬇

하지만 비잔티움 황제는 성상이 성경의 가르침에 어긋난다며
성상을 모두 파괴하라는 ① ☐☐ ☐☐☐을 내렸다.

⬇

결국 크리스트교는 가톨릭과 ② ☐☐로 갈라지게 되었다.

어휘 학습

6 낱말의 알맞은 뜻을 찾아 선으로 이어 보세요.

어휘 복습

(1) 우상 •
(2) 성직자 •
(3) 섬기다 •

• ① 신이나 윗사람을 잘 모시어 받들다.
• ② 신처럼 숭배의 대상이 되는 사람이나 사물.
• ③ 신부님이나 스님, 목사님처럼 종교에 관한 일을 맡아서 하는 사람.

7 빈칸에 들어갈 알맞은 낱말을 보기에서 찾아 문장을 완성해 보세요.

어휘 적용

보기 통솔 형형색색 예배 느닷없다 갈등

(1) 나는 언니와 의견이 달라서 그런지 ______________이 자주 생긴다.
↳ 서로 생각이 달라 부딪치는 것.

(2) 봄이 되자, 들판은 온통 ______________의 꽃으로 물들어 아름다웠다.
↳ 형상과 빛깔 등이 서로 다른 여러 가지.

(3) 어머니는 일요일마다 교회에서 가족을 위해 ______________를 드리신다.
↳ 신과 같은 존재에게 기도하며 공경하는 의식.

▶ 정답 17쪽

핵심어로 사다리 타기!

번호 순서대로 사다리를 타고 내려가세요. 설명에 맞는 핵심어이면 O표, 틀린 핵심어이면 X표에서 다시 사다리를 타서 세 자리 비밀번호를 순서대로 써 주세요.

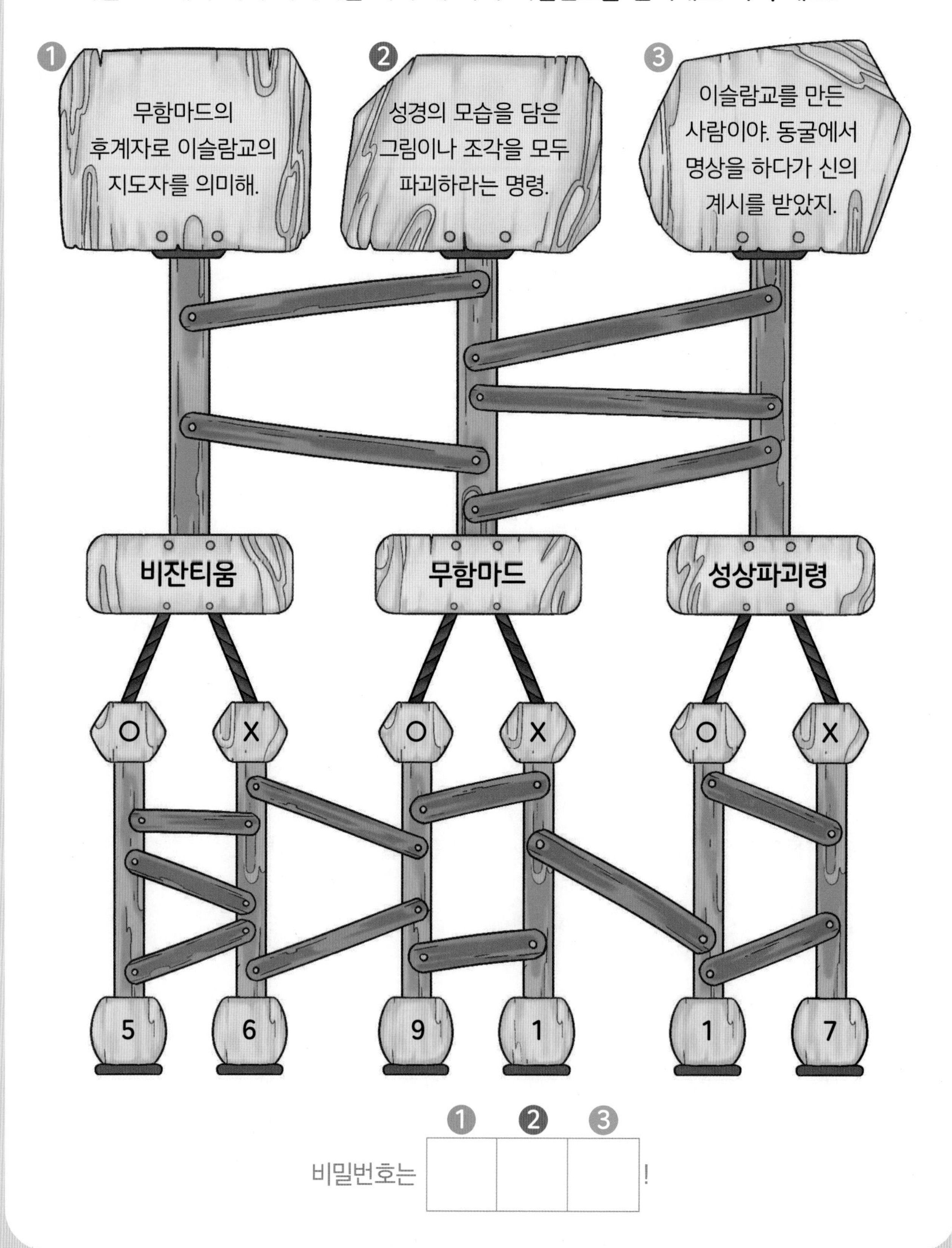

❶ ❷ ❸

비밀번호는 | | | !

유럽에 무시무시한 침략자 바이킹이 나타났어!
유럽은 왜 바이킹에게 꼼짝도 못했을까?

4주

- 732년 카롤루스 마르텔, 이슬람 격퇴
- 800년 카롤루스, 서로마 황제 즉위
- 885년 바이킹, 파리 포위
- 936년 고려, 후삼국 통일
- 1066년 윌리엄, 영국 정복
- 1077년 카노사의 굴욕
- 1170년 무신 정변

회차	학습 내용	교과서 핵심어	교과 연계	학습 계획일
16	**카롤루스 마르텔**, 이슬람을 막아내다	★ 카롤루스 마르텔 ★ 프랑크 왕국 ★ 유럽	【중학 역사 I】 2. 세계 종교의 확산과 지역 문화의 형성 ④ 크리스트교 문화의 형성과 확산	월 일
17	**카롤루스 대제**, 유럽의 아버지가 되다	★ 카롤루스 대제 ★ 프랑크 왕국 ★ 유럽	【중학 역사 I】 2. 세계 종교의 확산과 지역 문화의 형성 ④ 크리스트교 문화의 형성과 확산	월 일
18	약탈자 **바이킹**, 온 유럽을 휩쓸다	★ 바이킹 ★ 북유럽 ★ 스칸디나비아 반도	【중학 역사 I】 2. 세계 종교의 확산과 지역 문화의 형성 ④ 크리스트교 문화의 형성과 확산	월 일
19	**윌리엄 1세**, 영국의 왕이 되다	★ 윌리엄 1세 ★ 노르망디 ★ 영국	【중학 역사 I】 2. 세계 종교의 확산과 지역 문화의 형성 ④ 크리스트교 문화의 형성과 확산	월 일
20	**교황**, 황제를 무릎 꿇리다	★ 교황 ★ 황제 ★ 유럽 ★ 카노사의 굴욕	【중학 역사 I】 2. 세계 종교의 확산과 지역 문화의 형성 ④ 크리스트교 문화의 형성과 확산	월 일
역사 놀이터	**핵심어로 비밀 숫자 찾기!**			

카롤루스 마르텔, 이슬람을 막아내다

카롤루스 마르텔은 어떻게 이슬람 제국으로부터 유럽을 지켜낼 수 있었을까?

카롤루스 마르텔 (680년 ~ 741년)

프랑크 왕국의 재상이야. 이슬람 세력의 침략으로부터 유럽을 지켜냈지.

교과서 핵심어	★카롤루스 마르텔	★프랑크 왕국	★유럽

옛 로마 제국의 땅에 자리 잡은 이민족 가운데 '프랑크족'이 있었어. 프랑크족은 오늘날의 프랑스 일대에 '프랑크 왕국'이라는 나라를 세웠지. 그런데 프랑크족은 다른 이민족들과 달리 옛 로마 제국 사람들의 환영을 받았어. 프랑크족은 로마 사람들이 믿는 크리스트교를 다른 이민족보다 빨리 받아들였거든.

"우리는 당신들과 똑같은 크리스트교 신자요. 이제는 프랑크 왕국이 크리스트교를 믿는 여러분의 재산과 생명을 지키는 ❶수호자가 되겠소."

"감사합니다. 이젠 안심하고 살 수 있겠군요!"

프랑크 왕국은 빠르게 세력을 넓혔고, 백 년이 넘도록 프랑스 일대에 깊숙이 뿌리를 내렸어. 그러던 어느 날, 프랑크 왕국의 재상이었던 카롤루스는 ❷심상치 않은 소식을 들었지.

"카롤루스 님, 이슬람 제국의 군대가 곧 쳐들어올 거라고 합니다."

"뭐라고? 이슬람 제국이 벌써 이렇게 먼 곳까지 왔다니!"

아라비아반도에서 출발한 이슬람 제국의 군대가 어느덧 프랑크 왕국이 있는 서유럽 문턱까지 도착한 거야. 이때 이슬람 제국은 아시아와 아프리카, 유럽에 이르는 거대한 영토를 점령하며 무서운 속도로 세력을 넓혀 나가고 있었어. 이슬람 제국은 크리스트교 신자들이 많은 서유럽까지도 금세 쳐들어올 기세였지.

"이슬람 제국이 온 유럽을 집어삼킬 기세라고 합니다. 우리가 막을 수 있을까요?"

"막아야 한다. 우리까지 패배한다면, 세상에 크리스트교를 믿는 나라는 단 하나도 남지 않을 거야. 우리는 크리스트교를 지키기 위해 싸우는 거다."

카롤루스는 굳은 다짐을 하고 병사들을 단단히 준비시켰어. 그리고 적들이 쳐

---

❶ 수호자(守지킬 수, 護보호할 호, 者사람 자) 지키고 보호하여 주는 사람. ❷ 심상하다(尋찾을 심, 常항상 상) 보통이어서 중요하게 여길 만하지 않고 흔하다.

프랑크 왕국

중세 시기에 대부분의 서유럽과 중부 유럽을 다스렸던 나라야. 오늘날 프랑스, 독일, 이탈리아의 기원이 되는 나라지.

들어오는 ③전장으로 나가 맞서 싸울 준비를 마쳤지. 얼마 뒤, ④지평선 멀리 먼지구름이 보였어. 이슬람 제국의 ⑤기병들이 나타난 거야.

"모두들 방패를 들어라. 적의 공격에 맞선다!"

프랑크 왕국의 전사들은 한데 뭉쳐서 방패를 들고 창을 세웠어. 이슬람 제국의 기병들이 이내 달려들었지만, 눈 하나 깜빡하지 않고 맞서 싸웠지.

"으윽! 프랑크 왕국이 이렇게 잘 싸울 줄이야! 후퇴, 후퇴하라!"

카롤루스는 결국 큰 승리를 거두었어. 이슬람 제국이 쳐들어온다는 소식에 가슴을 ⑥졸였던 유럽 사람들은 그제야 ⑦안도의 한숨을 내쉬었지.

"카롤루스 만세! 카롤루스가 이슬람 침략자들을 깨부쉈다!"

그 후 사람들은 카롤루스에게 '마르텔'이란 별명을 붙였어. 이슬람 침략자를 깨부순 '망치'라는 뜻이었지. 카롤루스 마르텔은 지금까지도 이슬람의 침략으로부터 유럽을 지킨 수호자로 이름을 날리고 있어.

---

③ **전장**(戰싸울 전, 場마당 장) 싸움을 치르는 장소. ④ **지평선**(地땅 지, 平평평할 평, 線줄 선) 땅의 끝이 하늘과 맞닿아 경계를 이루는 선. ⑤ **기병**(騎말탈 기, 兵군사 병) 말을 타고 싸우는 병사. ⑥ **졸이다** 속을 태우다시피 초조해 하다. ⑦ **안도**(安편안할 안, 堵담 도) 사는 곳에서 평안히 지냄. 또는 그런 곳.

1 중심 내용

이 글의 중심 내용으로 알맞은 것을 골라 보세요. (　　　)

① 로마 제국과 프랑크 왕국의 전쟁
② 이슬람 세계의 수호자가 된 카롤루스 마르텔
③ 유럽에 크리스트교를 퍼뜨린 카롤루스 마르텔
④ 이슬람 제국과의 전쟁에서 승리한 카롤루스 마르텔

2 인물 이해

이 글의 카롤루스 마르텔에 대한 검색 결과로 알맞은 것을 골라 보세요. (　　　)

카롤루스 마르텔  

① 이슬람교를 믿었다.
② 로마 제국의 장군이다.
③ 이슬람 세력을 막기 위해 전쟁을 벌였다.
④ '마르텔'은 크리스트교를 열심히 믿는 사람을 의미한다.

3 내용 이해

이 글의 내용과 일치하면 ○표, 일치하지 않으면 X표 해 보세요.

(1) 프랑크족은 크리스트교를 믿지 않았다. (　　　)
(2) 프랑크 왕국은 오늘날의 프랑스 일대에 있던 나라였다. (　　　)
(3) 프랑크 왕국은 유럽을 침략한 이슬람교 국가 중 하나였다. (　　　)
(4) 카롤루스 마르텔은 이슬람의 침략으로부터 유럽을 구해냈다. (　　　)

 자료 해석

그림을 보고 대화를 나누었어요. 이 글의 내용과 일치하는 것을 골라 보세요. (　　　)

▲ 이슬람 제국과 싸우는 카롤루스 마르텔

① 하다: 카롤루스 마르텔은 이 전투에서 패배했어.
② 수재: 유럽 사람들은 이 전투가 끝난 후 크게 슬퍼했어.
③ 두기: 카롤루스 마르텔은 이 전투를 계기로 이슬람교로 개종했어.
④ 영심: 카롤루스 마르텔은 이 전투 이후 '망치'라는 별명을 얻었어.

5 빈칸을 채우며 이 글의 내용을 정리해 보세요.

핵심 정리

① [| |] [|]의 재상이었던 카롤루스는 이슬람 제국의 공격으로부터 유럽을 지키기 위해 전쟁을 치렀다. 카롤루스는 치열한 전투 끝에 승리했고, 이슬람 제국을 깨부순 '망치'라는 뜻으로 '② [| |]'이라는 별명을 얻었다. 그 후 카롤루스는 이슬람의 침략으로부터 유럽을 지킨 수호자로 이름을 날리게 되었다.

어휘 학습

6 낱말의 알맞은 뜻을 찾아 선으로 이어 보세요.

어휘 복습

(1) 전장 •

(2) 기병 •

(3) 지평선 •

• ① 싸움을 치르는 장소.

• ② 말을 타고 싸우는 병사.

• ③ 땅의 끝이 하늘과 맞닿아 경계를 이루는 선.

7 밑줄 친 낱말의 알맞은 뜻을 골라 번호를 써 보세요.

어휘 적용

졸이다	① 찌개, 국, 한약 등의 물을 줄어들게 하여 양이 적어지게 하다. 예 국물을 살짝 **졸이면** 더 맛있을 거예요. ② 속을 태우다시피 초조해 하다. 예 우리나라 축구 경기를 가슴을 **졸이며** 지켜봤다.

(1) 어머니가 된장찌개를 너무 졸였는지, 짜서 먹을 수가 없어. (　　　)

(2) 영심이는 혹시 귀신이라도 나올까 봐 가슴을 졸이며 밤을 새웠다. (　　　)

카롤루스 대제, 유럽의 아버지가 되다

카롤루스 대제는 어떤 업적을 남겼을까? 왜 유럽의 아버지로 불리는 거지?

카롤루스 대제
(742년 ~ 814년)

프랑크 왕국의 국왕이야. 프랑크 왕국의 영토를 크게 넓히고, 이민족의 침략을 물리쳐 크리스트교 세계를 지켜냈어.

교과서 핵심어 | ★카롤루스 대제 ★프랑크 왕국 ★유럽

카롤루스 마르텔이 이슬람 제국의 침략을 무사히 막아낸 뒤, 후손들이 프랑크 왕국의 왕 자리를 차지하게 되었어. 768년에는 카롤루스 마르텔의 손자 카롤루스가 프랑크 왕국의 왕으로 즉위했지.

"나는 모든 크리스트교 신자들을 보호할 것을 ❶맹세합니다."

카롤루스는 할아버지가 그랬듯이 크리스트교를 지켜내겠다고 맹세했어. 그리고 그 맹세에 걸맞게 이민족을 잇따라 물리쳤지. 이슬람 제국의 침략도 몇 차례나 이어졌지만, 카롤루스는 모든 침략을 훌륭하게 막아냈어. 또, 프랑크 왕국의 영토도 몇 배나 넓혔지. 덕분에 프랑크 왕국은 옛 서로마 제국의 영토만큼이나 드넓은 땅을 다스리게 되었어.

그러던 어느 날, 교황이 보낸 사람이 카롤루스를 찾아왔어.

"로마 북쪽에 사는 이민족이 교황님이 계시는 로마로 쳐들어오려고 합니다. 부디 로마로 와서 교황님을 지켜주시오!"

"알겠습니다. 지금 즉시 로마로 출동하겠습니다!"

교황의 구원 ❷요청을 받은 카롤루스는 군대를 이끌고 로마까지 먼 길을 달려갔어. 그리고 로마를 위협하는 이민족을 무찌르고 교황을 구해냈지.

카롤루스의 ❸활약을 지켜본 교황은 크게 기뻐했어. 카롤루스가 예배를 드리기 위해 로마의 한 성당을 방문하자, 교황은 이 자리에서 카롤루스의 머리에 직접 왕관을 씌워주면서 이야기했지.

"카롤루스, 나를 지켜 준 당신은 크리스트교를 지킨 영웅이오. 이제 당신을 유럽의 새로운 황제로 ❹임명하겠소. 앞으로도 크리스트교를 지켜주시오!"

지금껏 유럽에 황제라고는 비잔티움 제국의 황제뿐이었어. 그런데 교황은 카

---

❶ 맹세(盟맹세할 맹, 誓맹세할 서) 일정한 약속이나 목표를 꼭 실천하겠다고 다짐함. ❷ 요청(要구할 요, 請청할 청) 필요한 어떤 일이나 행동을 부탁하는 것. ❸ 활약(活살 활, 躍뛸 약) 활발히 활동함.

롤루스를 비잔티움 제국의 황제에 맞먹는 새로운 황제로 임명하겠다고 선언한 거야.

"감사합니다. 앞으로도 크리스트교를 지켜내는 데 최선을 다하겠습니다."

프랑크 왕국의 사람들과 교황은 황제가 된 카롤루스를 믿고 따랐어. 카롤루스는 황제가 된 후로도 ⑤숱한 전투에 나가 싸우며 유럽을 지키기 위해 최선을 다했지. 로마 제국이 무너진 이후 오랜 ⑥혼란을 겪었던 유럽은 카롤루스의 활약 덕에 오랜만에 안정과 평화를 누리게 되었어. 마을마다 인구도 부쩍 늘었고, 많은 상인이 오가는 큰 시장도 열렸지.

"이게 다 카롤루스 덕분이야. 카롤루스 황제 만세!"

카롤루스 황제는 유럽을 지켜낸 영웅으로 길이 ⑦존경받았어. 그리고 카롤루스의 프랑크 왕국은 유럽에 더욱 깊이 뿌리를 내려서 오늘날 프랑스, 이탈리아, 독일 같은 유럽 여러 나라의 기원이 되었지. 그래서 카롤루스는 '유럽의 아버지'라는 별명을 얻었어. 카롤루스는 지금도 존경의 뜻을 담아 '카롤루스 대제'라고 불리지.

④ 임명(任맡길 임, 命목숨 명) 일정한 지위나 임무를 남에게 맡김. ⑤ 숱하다 아주 많다. ⑥ 혼란(混섞을 혼, 亂어지러울 란) 뒤죽박죽이 되어 어지럽고 질서가 없음. ⑦ 존경(尊높을 존, 敬공경할 경) 남의 훌륭한 인격이나 행동을 받들어 공경함.

1
중심 내용

이 글을 읽고 다음 문장에 들어갈 알맞은 말을 골라 ○표 해 보세요.

(**프랑크 왕국 / 이슬람 제국**)의 왕이었던 카롤루스는 (**교황 / 국왕**)으로부터 유럽의 새로운 황제로 임명받고, 유럽의 아버지로 널리 존경받았다.

2
인물 이해

이 글의 카롤루스 대제에 대한 설명으로 알맞은 것을 모두 선으로 이어 보세요.

3
내용 이해

이 글의 내용과 일치하지 않는 것을 골라 보세요. (　　　)

① 교황은 카롤루스 대제를 황제로 임명하였다.

② 로마 제국이 무너진 이후 서유럽은 많은 혼란을 겪었다.

③ 프랑크 왕국은 오늘날 유럽 여러 나라의 뿌리가 되는 나라이다.

④ 교황은 이민족으로부터 자신을 지켜 달라는 카롤루스 대제의 요청을 거절했다.

4
내용 적용

이 글을 연극으로 만들었어요. 빈칸에 들어갈 대사로 알맞은 것을 골라 보세요. (　　　)

교황: 카롤루스, 그대를 황제로 임명하오. 그 이유는 ____________________

① 카롤루스 마르텔의 손자이기 때문이오.

② 크리스트교의 침입을 막아냈기 때문이오.

③ 이슬람교 신자들을 보호하겠다는 약속을 지켰기 때문이오.

④ 로마를 위협하는 이민족을 무찌르고 교황을 구했기 때문이오.

▶ 정답과 풀이 10쪽

5 빈칸을 채우며 이 글의 내용을 정리해 보세요.

핵심 정리

프랑크 왕국의 왕 ① [ ][ ][ ][ ] 대제는 이슬람 제국과 이민족의 침략을 막아내며 프랑크 왕국의 영토를 크게 넓혔다.

⬇

교황은 크리스트교 세계를 지킨 영웅인 그를 유럽의 새로운 황제로 임명하였다.

⬇

이후 유럽은 안정과 평화를 되찾았으며, 그는 ② [ ][ ] 의 아버지로 널리 존경받았다.

어휘 학습

6 낱말의 알맞은 뜻을 찾아 선으로 이어 보세요.

어휘 복습

(1) 맹세 • • ① 활발히 활동함.

(2) 활약 • • ② 일정한 지위나 임무를 남에게 맡김.

(3) 임명 • • ③ 일정한 약속이나 목표를 꼭 실천하겠다고 다짐함.

7 빈칸에 들어갈 알맞은 낱말을 보기에서 찾아 문장을 완성해 보세요.

어휘 적용

보기 요청 혼란 존경

(1) 전쟁이 일어나자 마을은 순식간에 ______________에 빠져들었다.
↳ 뒤죽박죽이 되어 어지럽고 질서가 없음.

(2) 내가 세상에서 제일 ______________하는 분은 우리 선생님입니다.
↳ 남의 훌륭한 인격이나 행동을 받들어 공경함.

(3) 버스에서 위급한 상황이 일어나 경찰서에 도움을 ______________했다.
↳ 필요한 어떤 일이나 행동을 부탁하는 것.

18 약탈자 바이킹, 온 유럽을 휩쓸다

으악! 바이킹이 유럽을 쑥대밭으로 만들고 있어! 유럽의 무법자 바이킹은 어디에서 온 사람들일까?

교과서 핵심어 ★바이킹 ★북유럽 ★스칸디나비아반도

"이제 파리가 보이는구나. 모두들 한몫 챙길 준비를 하자!"

좁은 강을 따라 작은 배들이 끝도 없이 늘어서 있었어. 가장 앞선 배의 뱃머리에는 커다란 뿔이 달린 투구를 쓴 남자가 ①위풍당당하게 서 있었지. 이 남자는 약탈자로 악명이 높은 바이킹의 대장이었어.

바이킹은 북유럽의 스칸디나비아반도에 살던 사람들이야. 그곳은 북극과 가까워서 날씨가 춥고, 입고 먹을 것도 부족했어. 그런데 바이킹은 덩치도 크고 용맹한 데다가, 항해술이 매우 뛰어났지. 그래서 바이킹은 배를 타고 유럽 곳곳을 들쑤시며 약탈을 일삼았어. 바이킹의 발길이 닿는 곳은 어디든 쑥대밭이 되어버렸어.

이날 바이킹들은 프랑스의 대도시인 파리를 약탈하러 가는 길이었어. 수백 척의 배에 나눠 탄 바이킹들은 모두 파리에서 챙길 ②금은보화를 생각하며 기대에 가득 찬 얼굴이었지.

"으악! 바이킹이다! 바이킹이 나타났다!"

"뭐라고? 여기는 바다에서 한참 먼 곳인데, 대체 어떻게 왔단 말이냐?"

망을 보던 파리의 병사들은 ③기겁했어. 바이킹의 배는 매우 작고 날쌔서, 바다뿐 아니라 강줄기를 따라 ④내륙 깊숙한 곳까지도 거슬러 갈 수 있었거든. 그래서 바다에서 멀리 떨어진 도시도 바이킹의 ⑤손길을 피할 수가 없었어.

"이제 파리의 금은보화는 다 우리 것이다! 모두 돌격하라!"

바이킹들은 파리를 둘러싸고 ⑥맹렬하게 공격을 퍼부었어. 파리의 병사들은 성벽을 지키느라 진땀을 흘렸지. 바이킹들은 파리의 높은 성벽을 넘지 못했지만, 성 밖의 마을은 모두 ⑦폐허가 되었어. 집은 불타고 사람들은 바이킹에게 붙잡혀

---

① 위풍당당(威위엄 위, 風바람 풍, 堂집 당, 堂집 당) 풍채나 기세가 위엄 있고 떳떳함. ② 금은보화(金쇠 금, 銀은 은, 寶보배 보, 貨재화 화) 금, 은, 옥, 진주 등의 매우 귀중한 물건. ③ 기겁(氣기운 기, 怯겁낼 겁) 숨이 막힐 듯이 갑작스럽게 겁을 내며 놀람. ④ 내륙(內안 내, 陸뭍 륙) 바다에서 멀리 떨어져 있는 육지.

잔인하게 죽임을 당했지. 견디다 못한 프랑스의 왕이 협상에 나섰어.

"그만하고 이곳을 떠나라. 무엇이든 주겠다."

"그래? 그럼 저 배에 가득 담을 만큼 많은 금은보화를 달라. 또, 앞으로는 우리 배가 이 강을 지나가더라도 막아선 안 된다."

프랑스의 왕은 눈물을 머금고 금고에 있던 금은보화를 모두 내주었어. 평화를 되찾으려면 바이킹의 뜻대로 해줄 수밖에 없었거든.

"하하하하! 이제야 말이 통하는군!"

바이킹 대장은 배에 가득 찬 금은보화를 보고 만족스러운 표정을 지었어. 그리곤 약속대로 파리를 떠났지. 파리를 떠나는 바이킹들의 배에서는 흥겨운 노랫소리가 흘러나왔어.

"우리는 위대한 바이킹! 누구도 우릴 이기지 못해!"

"우리는 유럽의 무법자! 이제 누구를 혼내 줄까?"

바이킹은 수십 년간 유럽 곳곳을 약탈하며 악명을 떨쳤어. 아예 고향을 떠나 머나먼 남유럽과 동유럽에 새로운 나라를 세우고 뿌리를 내린 바이킹도 있었지. 그래서 바이킹이 사용하던 북유럽의 말과 바이킹이 믿던 북유럽의 신화[8]도 유럽 곳곳으로 스며들어 지금까지 전해지고 있지.

스칸디나비아반도
유럽의 북쪽 끝에 있는 땅이야. 바이킹이 살던 곳이지. 오늘날에는 노르웨이, 스웨덴이 자리 잡고 있어.

---

⑤ 손길 도와주거나 해를 끼치는 일. ⑥ 맹렬하다(猛사나울 맹, 烈세찰 렬) 기세가 몹시 사납고 세차다. ⑦ 폐허(廢폐할 폐, 墟터 허) 건물이나 성 등이 파괴되어 황폐하게 된 곳. ⑧ 신화(神귀신 신, 話말할 화) 신이나 신 같은 존재에 대한 신비스러운 이야기.

1 중심 내용

이 글의 중심 내용으로 알맞은 것을 골라 보세요. (　　　)

① 유럽을 휩쓸었던 바이킹
② 바이킹의 뛰어난 항해술
③ 프랑스에게 무릎 꿇은 바이킹
④ 용감하게 바이킹에 맞선 사람들

2 내용 이해

이 글의 내용과 일치하면 ○표, 일치하지 않으면 X표 해 보세요.

(1) 바이킹의 대장은 프랑스를 차지해 왕이 되었다. (　　　)
(2) 바이킹의 대장은 커다란 뿔이 달린 투구를 썼다. (　　　)
(3) 고향을 떠나서 남유럽에 나라를 세우고 뿌리를 내린 바이킹도 있다. (　　　)

3 내용 적용

이 글의 바이킹 대장이 쓴 일기예요. 이 글의 내용과 일치하지 않는 것을 골라 보세요. (　　　)

프랑스 파리 약탈

날짜: ○○년 ○○월 ○○일　　날씨: 맑음

오늘은 수백 척의 배를 이끌고 ① 프랑스의 내도시 파리를 쳐들어갔다. 바다에서 멀리 떨어진 도시이지만, ② 강을 따라 올라가 내륙 도시 파리까지 쉽게 다다를 수 있었다. 나는 부하들을 시켜 ③ 높은 성벽을 타고 올라가 성안까지 쑥대밭으로 만들어 버렸다. 그러자 ④ 프랑스 왕이 많은 양의 금은보화를 내주었다.

4 자료 해석

이 글을 읽고 빈칸에 들어갈 말로 알맞은 것을 골라 보세요. (　　　)

용선생: 이것은 바이킹들이 사용하던 배의 모습이야. 바이킹의 배는 이렇게 작고 날쌔서, ________________.

① 쉽게 부서지곤 했지.
② 어린 아이들도 쉽게 따라 만들 수 있었지.
③ 바이킹들은 먼 곳까지 항해할 수가 없었지.
④ 강줄기를 따라 내륙으로 들어갈 수 있었지.

▶ 정답과 풀이 10쪽

5 빈칸에 공통으로 들어갈 말을 써 이 글의 내용을 정리해 보세요.

핵심 정리

추운 북유럽에 살던 [　　　] 은 용맹하고 항해술이 뛰어났다. [　　　] 은 유럽 곳곳을 약탈했고, 어떤 [　　　] 은 유럽의 여러 지역에 새롭게 뿌리를 내리고 나라를 세우기도 했다. 그 결과 [　　　] 의 언어와 신화가 유럽에서 오늘날까지 전해지고 있다.

어휘 학습

6 낱말의 알맞은 뜻을 찾아 선으로 이어 보세요.

어휘 복습

(1) 위풍당당 •　　　• ① 기세가 몹시 사납고 세차다.

(2) 금은보화 •　　　• ② 풍채나 기세가 위엄 있고 떳떳함.

(3) 맹렬하다 •　　　• ③ 금, 은, 옥, 진주 등의 매우 귀중한 물건.

7 밑줄 친 낱말의 알맞은 뜻을 골라 번호를 써 보세요.

어휘 적용

손길	① 내밀거나 잡거나 닿거나 만질 때의 손. 예 화가 안 풀린 나는 친구의 **손길**을 피했다. ② 도와주거나 해를 끼치는 일. 예 집안 구석구석 어머니의 **손길**이 닿아 있다. ③ 손의 움직임. 예 요리사는 섬세한 **손길**로 요리를 시작했다.

(1) 화가의 손길이 닿자 금세 아름다운 그림이 완성되었다. (　　)

(2) 하다는 수재가 내민 손길을 마주 잡으며 환하게 미소 지었다. (　　)

(3) 홍수로 집을 잃은 사람들에게 따뜻한 도움의 손길이 필요합니다. (　　)

19 윌리엄 1세, 영국의 왕이 되다

미천한 출신이라며 손가락질 받던 윌리엄은 어떻게 영국의 왕이 되었을까?

윌리엄 1세 (1028년 ~ 1087년)

프랑스 노르망디의 공작이야. 영국을 정복해 영국의 왕이 되었지. 오늘날 영국 왕실의 선조이기도 해.

교과서 핵심어	★윌리엄 1세 ★노르망디 ★영국

프랑스의 노르망디 공작①에게는 윌리엄이라는 아들이 있었어. 그런데 윌리엄의 어머니는 귀족이 아니었어. 공작이 우연히 만난 한 평민② 여인이었지. 공작이 길거리에서 춤을 추던 여인에게 첫눈에 반해 결국 자식까지 낳았던 거야.

윌리엄은 노르망디 공작의 유일한 아들이었어. 그래서 공작 자리를 물려받을 후계자가 되었지. 윌리엄을 바라보는 사람들의 시선③은 몹시 차가웠어.

"윌리엄은 출신이 미천한④ 아이입니다. 저런 아이에게 공작 자리를 물려주실 겁니까?"

"하나뿐인 아들이라지만, 세상 사람들이 비웃을 겁니다. 부끄럽기 짝이 없군요."

그러다 윌리엄이 7살이 됐을 때, 공작이 그만 병으로 세상을 떠났어. 어린 윌리엄은 그 뒤를 이어 노르망디의 공작 자리에 올랐지. 하지만 사람들은 여전히 윌리엄을 조롱⑤했어. 윌리엄의 공작 자리를 빼앗으려고 반란도 여러 번 일으켰지.

"미천한 것이 세상 무서운 줄 모르는구나! 얌전히 공작 자리를 내놓거라!"

하지만 윌리엄은 충성스러운 신하들의 도움으로 많은 위기를 넘기고 무사히 노르망디 공작 자리를 지켜낼 수 있었어. 어른이 된 윌리엄은 강한 군대를 키우며 이를 악물고 다짐했지.

'내가 미천하다고? 천만에! 나는 세상에서 가장 위대한 왕이 될 것이다.'

그러던 어느 날, 놀라운 소식이 들려왔어. 바다 건너 영국의 왕이 자식을 두지 않고 세상을 떠난 거야. 가까운 친척이 왕위를 이어받긴 했지만, 사방에서 왕위를 빼앗으려는 사람들이 몰려와서 큰 전쟁이 터지려 하고 있었지.

"하늘이 기회를 주시는구나. 내가 영국의 왕이 될 것이다! 배를 준비하고 병사들을 모아라! 영국으로 가자!"

---

① 공작(公공변될 공, 爵벼슬 작) 옛날 높은 귀족의 이름 중 하나. ② 평민(平평평할 평, 民백성 민) 신분 사회에서 지배계급이 아닌 일반인. ③ 시선(視볼 시, 線줄 선) 주의 또는 관심을 이르는 말. ④ 미천하다(微작을 미, 賤천할 천) 신분이나 지위가 하찮고 천하다. ⑤ 조롱(嘲비웃을 조, 弄희롱할 롱) 비웃거나 깔보면서 놀림.

월리엄은 죽은 영국 왕의 친척이었어. 윌리엄은 자기도 영국의 왕위를 이을 자격이 있다고 생각했지.

마침내 윌리엄은 군대를 이끌고 바다를 건너 영국에 도착했어. 영국의 왕도 많은 군대를 이끌고 윌리엄과 맞서 싸우려 나섰지. 온종일 치열한 전투가 벌어진 끝에, 영국의 왕은 전쟁터에서 쓰러져 목숨을 잃었어.

"우리가 이겼다! 영국의 왕이 죽었다!"

윌리엄이 승리했다는 소식이 퍼지자 영국의 수많은 귀족들이 윌리엄을 찾아와 무릎을 꿇고 충성을 맹세했어.

"당신이 이제 영국의 왕입니다. 변함없는 충성을 맹세합니다."

천한 아이로 ⑥설움 받던 윌리엄은 이렇게 새로운 영국의 왕 윌리엄 1세가 되었지. 그리고 천 년 가까운 세월이 지난 지금까지도, 영국의 왕 자리는 윌리엄 1세의 후손들이 ⑦대대손손 지켜 나가고 있어. 윌리엄 1세는 영국의 진정한 정복자가 되었던 거야.

⑥ 설움 서럽게 느껴지는 마음. ⑦ 대대손손(代시대 대, 代시대 대, 孫손자 손, 孫손자 손) 여러 대를 이어서 내려오는 모든 자손.

1 이 글을 읽고 알맞은 내용에 선을 그어 중심 문장을 완성해 보세요.

중심 내용

윌리엄 1세는

① 왕위를 물려받아

② 영국 왕을 물리치고

③ 영국의

④ 프랑스의

새로운 왕이 되었다.

2 이 글의 윌리엄 1세에 대한 설명으로 알맞은 것을 모두 골라 보세요. (,)

인물 이해

① 평생을 평민으로 살았다.

② 영국을 정복하려다가 실패했다.

③ 노르망디 공작의 유일한 아들이었다.

④ 어린 나이에 공작이 되어 반란에 시달렸다.

3 이 글의 윌리엄 1세가 다음과 같이 말한 까닭으로 알맞은 것을 골라 보세요. ( )

내용 이해

하늘이 기회를 주시는구나! 영국으로 가자!

① 영국의 왕위를 차지할 기회가 찾아왔기 때문이다.

② 꿈에서 자신이 왕이 된다는 신의 계시를 들었기 때문이다.

③ 영국의 귀족들이 영국의 왕이 되어 달라고 부탁했기 때문이다.

④ 새롭게 즉위한 영국의 왕이 반란으로 목숨을 잃었기 때문이다.

4 이 글을 읽고 다음 뉴스에 이어질 상황으로 알맞지 않은 것을 골라 보세요. ( )

추론

① 주변 국가에서 영국의 왕 자리를 넘보았다.

② 윌리엄 1세가 군대를 이끌고 가 영국을 점령했다.

③ 윌리엄 1세가 프랑스 왕과 영국 왕위 쟁탈전을 벌였다.

④ 영국의 귀족들이 왕이 된 윌리엄에게 충성을 약속했다.

5 빈칸을 채우며 이 글의 내용을 정리해 보세요.

핵심 정리

① ☐☐☐ ☐☐ 는 프랑스의 노르망디 공작과 평민 여인 사이에서 태어났다.

⬇

② ☐☐☐☐ 공작이 된 그는 출신이 천하다는 이유로 비난을 받았지만, 꿋꿋이 자리를 지켜냈다.

⬇

그 후 그는 ③ ☐☐ 으로 쳐들어가 전투에서 승리를 거두고 왕이 되었다.

어휘 학습

6 낱말의 알맞은 뜻을 찾아 선으로 이어 보세요.

어휘 복습

(1) 시선 •　　• ① 비웃거나 깔보면서 놀림.

(2) 조롱 •　　• ② 주의 또는 관심을 이르는 말.

(3) 미천하다 •　　• ③ 신분이나 지위가 하찮고 천하다.

7 대화를 읽고 빈칸에 들어갈 말로 알맞은 것을 골라 보세요. (　　　)

어휘 적용

할아버지: 얘들아, 이 도자기는 우리 가문에 대대손손 전해져 내려오는 아주 귀한 물건이니까, 소중히 다루어야 한다.

두기: 할아버지, 그게 무슨 뜻이에요?

할아버지: ______________________________

① 이 도자기가 우리 집에서 제일 비싼 물건이라는 뜻이지.

② 우리 집안에서 이 도자기를 아주 오랫동안 만들었다는 뜻이지.

③ 이 도자기가 오랜 시간 여러 대를 이어서 우리 집안에 전해져 내려왔다는 뜻이지.

교황, 황제를 무릎 꿇리다

황제가 교황을 찾아와 무릎을 꿇었어. 황제는 교황에게 무슨 잘못을 한 걸까?

교과서 핵심어	★교황 ★황제 ★유럽 ★카노사의 굴욕

옛날 유럽 사람들은 거의 모두 크리스트교를 열심히 믿었어. 그래서 종종 교회에 돈과 땅을 바치곤 했지. 이렇게 하면 자신의 죄를 용서 받고 천국에 갈 거라 생각했거든.

"하느님께 제 재산을 바칩니다. 부디 제 죄를 용서하여 주십시오."

이런 일이 계속되자, 교회는 돈과 땅을 무척이나 많이 갖게 됐어. 교회의 높은 성직자가 되면 이 수많은 돈과 땅을 모두 관리할 수 있었지.

그런데 높은 성직자는 보통 그 나라의 국왕이 임명했어. 왕들은 자신과 친한 사람을 성직자로 임명하거나, ❶뇌물을 받고 성직자를 임명하기도 했어. 이렇게 성직자가 된 사람들은 그저 ❷흥청망청 사치를 즐기기에 바빴지.

그러던 1073년, 새 교황 그레고리우스 7세가 즉위했어. ❸신앙심이 깊었던 그레고리우스 7세는 이렇게 선언했지.

그레고리우스 7세
(1020년 ~ 1085년)

제157대 교황이야. 성직자 임명권을 두고 황제 하인리히 4세와 갈등을 겪었지.

"성직자 자리는 ❹신성하다. 이제부터 모든 성직자는 교황이 임명한다."

교황의 갑작스런 선언에 왕들은 불만이 많았어. 특히 독일의 황제 하인리히 4세는 콧방귀를 뀌었지. 당시 하인리히 4세는 유럽에서 가장 힘이 센 지도자였거든.

"교황이 성직자를 임명하겠다고? 어이가 없군! 교황은 하던 일이나 똑바로 하시오."

하인리히 4세의 말에 교황은 무척이나 화가 났어. 그래서 이렇게 말했지.

❶ 뇌물(賂뇌물 뇌, 物만물 물) 누군가를 돈으로 꼬드겨 사사로운 일에 이용하기 위하여 넌지시 건네는 부정한 돈이나 물건. ❷ 흥청망청 흥에 겨워서 마음대로 즐기는 모양. ❸ 신앙심(信믿을 신, 仰우러를 앙, 心마음 심) 신이나 초자연적인 절대자를 믿고 따르는 마음. ❹ 신성(神귀신 신, 聖성스러울 성) 함부로 가까이할 수 없을 만큼 고결하고 거룩함.

"하느님의 이름으로 하인리히 4세를 파문한다."

파문은 누군가를 교회에서 완전히 쫓아내겠다는 선언이야. 옛날 유럽에서는 파문보다 무서운 벌은 없었지. 유럽 사람들이 거의 모두 교회에 다녔기 때문이야. 모든 사람이 결혼도 교회에서 하고, 장례식도 교회에서 했는데, 파문된 사람은 교회에 아예 발을 디딜 수가 없었어. 심지어 파문된 사람을 다치게 하거나 그 사람의 물건을 빼앗아도 벌을 안 받을 정도였어. 그러니까 교회에서 파문 당하면 사람 노릇을 제대로 할 수가 없었던 거야.

황제는 정신이 번뜩 들었어. 그래서 교황이 있는 '카노사'라는 외딴 산골로 급히 달려갔지. 황제는 한겨울에 눈 내리는 성문 앞에 무릎을 꿇고 고개를 숙여 빌었어.

"제가 잘못했습니다, 교황님! 부디 저를 용서해 주십시오!"

카노사의 성문은 꼬박 사흘 동안이나 열리지 않았어. 황제는 ⑤엄동설한에 벌벌 떨면서도 교황의 용서를 받을 때까지는 꼼짝도 할 수 없었지. 세상 사람들은 이 모습을 보며 깜짝 놀랐어.

"교황 앞에서는 힘센 황제도 저렇게 무릎을 꿇을 수밖에 없구나!"

이 사건을 '카노사의 ⑥굴욕'이라고 해. 카노사의 굴욕은 유럽에서 교황의 힘이 얼마나 강력했는지를 아주 잘 보여주는 사건이야. 카노사의 굴욕 이후 교황의 권위는 하늘 높이 치솟았지. 나중에는 '교황은 해, 황제는 달'이라는 말이 생기기도 했어. 교황은 세계 최고의 권력자이고, 황제는 두 번째에 불과하다는 뜻이지.

---

⑤ 엄동설한(嚴엄할 엄, 冬겨울 동, 雪눈 설, 寒추울 한) 눈 내리는 한겨울의 심한 추위. ⑥ 굴욕(屈굽을 굴, 辱욕되게 할 욕) 남에게 억눌려 업신여김을 받음.

1 이 글의 중심 내용으로 알맞은 것을 골라 보세요. (   )

중심 내용

① 교황의 권위에 무릎 꿇은 황제
② 크리스트교를 믿었던 유럽 사람들
③ 유럽에서 성직자로 임명 받는 방법
④ 교황의 자리에 오른 그레고리우스 7세

2 이 글의 인물들에 대한 내용과 일치하면 O표, 일치하지 않으면 X표 해 보세요.

인물 이해

(1) 하인리히 4세는 외딴 산골 카노사에 살았다. (   )
(2) 그레고리우스 7세는 신앙심이 깊은 사람이었다. (   )
(3) 그레고리우스 7세는 황제 앞에서 무릎을 꿇었다. (   )
(4) 하인리히 4세는 교회의 돈과 땅이 탐나 스스로 교황이 되었다. (   )

3 이 글을 읽고 다음 질문에 대한 대답으로 알맞은 것을 골라 보세요. (   )

내용 이해

황제 하인리히 4세를 파문한다는 말이 무슨 뜻일까요?

① 하인리히 4세를 성직자로 임명하겠다는 뜻이다.
② 하인리히 4세를 교회에서 쫓아내겠다는 뜻이다.
③ 하인리히 4세가 교회에서 결혼하는 것을 허락하겠다는 뜻이다.
④ 하인리히 4세가 죄를 용서 받고 천국에 갈 수 있을 거라는 뜻이다.

4 이 글을 읽고 신문 기사의 빈칸에 들어갈 말을 써 보세요.

내용 적용

○○ 일보 ○○년 ○○월 ○○일

〈속보〉 독일 황제 하인리히 4세, 교황에게 무릎 꿇어

교황이 하인리히 4세를 파문했다. 파문 당한 하인리히 4세는 자신의 잘못을 깨닫고 곧장 교황을 찾아가 잘못을 빌었다. 황제가 꼬박 사흘 동안 무릎 꿇고 빈 끝에, 교황은 결국 하인리히 4세를 용서해 주었다. 교황의 힘이 얼마나 대단했는지 보여주는 이 사건을 [   ]이라고 한다.

5 빈칸을 채우며 이 글의 내용을 정리해 보세요.

핵심 정리

옛날 유럽에서는 나라의 왕이 성직자를 임명했다. ① ☐☐ 이 된 그레고리우스 7세는 앞으로 자신이 성직자를 임명하겠다고 선언했다. 하지만 독일의 ② ☐☐ 하인리히 4세는 이 말을 무시하다 교회에서 파문 당했고, 잘못을 빌며 무릎을 꿇었다. 이 사건을 카노사의 굴욕이라고 한다.

어휘 학습

6 낱말의 알맞은 뜻을 찾아 선으로 이어 보세요.

어휘 복습

(1) 신성 •

(2) 굴욕 •

(3) 신앙심 •

• ① 남에게 억눌려 업신여김을 받음.

• ② 신이나 초자연적인 절대자를 믿고 따르는 마음.

• ③ 함부로 가까이할 수 없을 만큼 고결하고 거룩함.

7 보기 에서 알맞은 낱말을 찾아 밑줄 친 말을 바꾸어 써 보세요.

어휘 적용

보기	뇌물	흥청망청	엄동설한

(1) 이 눈 내리는 한겨울의 심한 추위에 어디를 가면 따뜻하게 지낼 수 있을까?

➡ 이 (　　　　　　　)에 어디를 가면 따뜻하게 지낼 수 있을까?

(2) 그렇게 흥에 겨워서 마음대로 즐기다 보면 모아 둔 돈을 금방 다 쓰게 될 거야.

➡ 그렇게 (　　　　　　　) 즐기다 보면 모아 둔 돈을 금방 다 쓰게 될 거야.

▶ 정답 17쪽

핵심어로 비밀 숫자 찾기!

각각의 빈칸에 들어갈 핵심어를 아래 글자판에서 찾아 색칠하고, 숨겨진 비밀 숫자를 써 보세요.

❶ 노르망디의 공작이었던 ○○○은 미천한 출신이라며 설움을 많이 겪었지만, 전쟁에 승리해 영국의 왕이 되었어.

❷ '망치'라는 뜻의 별명이야. 이슬람 제국의 침략을 막아낸 프랑크 왕국의 재상을 카롤루스 ○○○이라고 해.

❸ 유럽의 크리스트교 성직자를 통솔하는 가장 높은 성직자. ○○이 성직자를 직접 임명하겠다고 하자 독일의 황제는 크게 반발했어.

❹ 프랑크 왕국의 왕 ○○○○는 유럽의 새로운 황제로 임명됐어.

❺ 북유럽의 추운 땅에 살던 사람들이야. 항해술이 뛰어나서 배를 타고 유럽 곳곳을 들쑤시며 약탈을 일삼았어.

❻ 파문 당한 독일의 황제는 ○○○의 성문 앞에서 사흘 동안 무릎을 꿇고 교황에게 용서를 빌었어.

윌	카	노	바	이	킹
리	크	롤	카	루	카
엄	랑	프	교	황	롤
카	왕	르	국	마	루
노	굴	텔	교	욕	스
사	황	사	마	르	텔

▶비밀 숫자는 바로 ______________!

1096년 제1차 십자군 전쟁

1189년 제3차 십자군 전쟁

1270년 삼별초의 난

1309년 아비뇽 유수 (~1377년)

1347년 유럽에서 흑사병 대유행 시작

1392년 조선 건국

회차	학습 내용	교과서 핵심어	교과 연계	학습 계획일
21	**농노** 소년 미하엘의 어느 가을날	★ 영주 ★ 농노 ★ 유럽 ★ 장원	【중학 역사 Ⅰ】 2. 세계 종교의 확산과 지역 문화의 형성 ④ 크리스트교 문화의 형성과 확산	월 일
22	**십자군** 기사들, 성지 예루살렘으로 향하다	★ 크리스트교 ★ 예루살렘 ★ 이슬람교 ★ 십자군 전쟁	【중학 역사 Ⅰ】 2. 세계 종교의 확산과 지역 문화의 형성 ④ 크리스트교 문화의 형성과 확산	월 일
23	**살라딘**, 십자군을 물리치다	★ 살라딘 ★ 리처드 1세 ★ 예루살렘 ★ 십자군 전쟁	【중학 역사 Ⅰ】 2. 세계 종교의 확산과 지역 문화의 형성 ④ 크리스트교 문화의 형성과 확산	월 일
24	**교황**, 엄청난 굴욕을 맛보다	★ 교황 ★ 프랑스 ★ 아비뇽 유수	【중학 역사 Ⅰ】 2. 세계 종교의 확산과 지역 문화의 형성 ④ 크리스트교 문화의 형성과 확산	월 일
25	**흑사병**, 사람을 수천만 명이나 죽이다	★ 전염병 ★ 흑사병 ★ 유럽	【중학 역사 Ⅰ】 2. 세계 종교의 확산과 지역 문화의 형성 ④ 크리스트교 문화의 형성과 확산	월 일
역사 놀이터	핵심어로 보물 상자 찾기!			

농노 소년 미하엘의 어느 가을날

농노와 영주는 어떤 사람들이지? 농노들은 과연 어떤 삶을 살았을까?

교과서 핵심어 ★영주 ★농노 ★유럽 ★장원

"미하엘! 어서 일어나! 오늘도 할 일이 태산[1]이야!"

"아… 저 조금만 더 잘게요……. 너무 졸려요……."

이른 새벽, 아직 해도 뜨지 않은 시간이야. 미하엘의 부모님은 일 나갈 채비[2]를 서두르고 있어. 미하엘의 눈에는 아직도 졸음이 가득했지.

"안 돼, 미하엘. 너 그러다가 영주님한테 크게 혼나려고 그래? 얼른 일어나!"

어머니의 말씀에 미하엘도 투정을 멈추고 일어났어.

미하엘네 가족은 농노였어. 농노는 옛 유럽의 장원에 사는 농민들을 가리키는 말이야. 농노는 자기 마음대로 이사를 갈 수도 없고 다른 직업을 가질 수도 없었어. 비록 쇠사슬로 묶여 강제[3]로 일을 하는 건 아니지만, 반쯤은 노예라는 뜻에서 '농노'라고 부르는 거야.

집을 나서자 드넓은 들판이 펼쳐져 있었어. 들판을 휘돌러 시냇물이 졸졸 흘렀고, 작은 물레방아도 돌아가고 있었지. 그 너머에는 작은 숲도 있었어. 미하엘은 앞서서 걷는 아빠 곁으로 다가갔어.

"아빠, 제가 저 숲에서 토끼를 봤어요. 혹시 옆집 페터랑 잡으러 가도 돼요?"

"큰일 날 소리! 저 숲은 영주님 전용[4] 사냥터야. 저기서 함부로 짐승을 잡았다가는 큰 벌을 받을지도 몰라."

미하엘은 금세 시무룩해졌어. 미하엘 눈앞의 모든 땅과 숲은 영주님의 장원이었어. 물레방앗간을 잠깐 쓰려 해도 영주님께 돈을 내야 했고, 숲에서 사냥을 하려 해도 당연히 영주님의 허락을 받아야 했지.

"아빠, 영주님은 어떻게 이렇게 넓은 장원을 가지게 된 거예요?"

"영주님은 용감한 기사잖아. 전쟁에서 큰 공을 세우셨다는구나. 이 장원을 받

---

① 태산(泰클 태, 山메 산) 크고 많음을 빗대어 이르는 말. ② 채비 어떤 일이 되기 위해 필요한 물건이나 자세를 미리 갖춤. 또는 그 물건이나 자세. ③ 강제(强굳셀 강, 制억제할 제) 권력이나 위력으로 남을 억눌러 원하지 않는 일을 억지로 시킴. ④ 전용(專오로지 전, 用쓸 용) 남과 같이 쓰지 않고 혼자서만 씀.

는 대신 국왕 전하에게 충성을 바치겠다고 맹세한 거지."

아빠의 대답에 미하엘은 주먹을 불끈 쥐었어.

"그럼 저도 기사가 될래요! 저번에 영주님 아들이 기사 수업을 받는 걸 봤는데, 저도 할 수 있을 거 같았어요."

"미하엘. 기사는 영주님 가족처럼 ⑤고귀한 사람들이나 될 수 있어. 우리는 영주님을 위해 열심히 일하고, 하느님께 기도를 하면서 살아야 해. 그게 세상의 ⑥순리란다. 자, 어서 기도부터 하자."

엄마의 단호한 말에 미하엘은 울상이 되었어. 옛날 유럽 사람들은 이렇게 ⑦신분에 따라 완전히 다른 삶을 살았어. 다른 신분의 삶이 아무리 부러워도 평생 자신의 신분에서 벗어날 수 없었고, 자식들도 같은 신분으로 살아야 했지.

'나는 왜 농노로 태어난 걸까? 기사로 태어났으면 좋았을 텐데.'

미하엘은 터덜터덜 걸으며 생각했어. 어느새 들판 먼 곳에서 아침 해가 밝아오고 있었지.

역사 사전

영주
(領거느릴 령, 主주인 주) 장원을 다스리던 사람이야. 농노에게 땅을 내주고 세금을 걷었어.

장원
(莊풀 성할 장, 園동산 원) 옛날 유럽에서 영주가 지배하던 마을을 가리키는 말이야. 보통 국왕이 자신에게 충성을 바친 영주에게 대가로 주었어.

기사
(騎말탈 기, 士선비 사) 옛날 유럽에서 적과 싸울 수 있는 무력을 갖추었던 사람들을 말해. 세력이 약한 기사는 자신보다 더 세력이 강한 기사를 주군으로 섬기며 충성을 바쳤어.

⑤ 고귀(高높을 고, 貴귀할 귀) 훌륭하고 귀중함. ⑥ 순리(順순할 순, 理다스릴 리) 바른 이치나 도리. ⑦ 신분(身몸 신, 分나눌 분) 사람들의 사회적인 위치나 계급.

독해 학습

1 중심 내용

이 글의 중심 내용으로 알맞은 것에 ○표 해 보세요.

① 영주를 꿈꾼 미하엘 ( )

② 전쟁에서 큰 공을 세운 영주님 ( )

③ 신분에 따라 다르게 살았던 옛 유럽 사람들 ( )

2 내용 이해

이 글의 내용과 일치하면 ○표, 일치하지 않으면 X표 해 보세요.

(1) 미하엘은 기사가 되어 자신의 장원을 다스릴 수 있다. ( )

(2) 미하엘은 농부 이외에 여러 가지 직업을 가지고 있다. ( )

(3) 영주는 장원을 다스리는 대신 국왕에게 충성을 바친다. ( )

(4) 농노는 영주가 다스리는 장원에서 농사를 지으며 살아간다. ( )

3 내용 이해

이 글을 읽고 빈칸에 들어갈 알맞은 낱말을 써 보세요.

[|]는 옛 유럽의 장원에 사는 농민을 가리키는 말이다. 농민이긴 하지만 반쯤은 노예나 다름없다는 의미에서 이런 이름이 붙었다.

4 내용 적용

이 글의 미하엘이 쓴 일기예요. 이 글의 내용과 일치하지 않는 것을 골라 보세요. ( )

오늘은 속상한 하루

날짜: ○○년 ○○월 ○○일 날씨: 조금 맑음

오늘 아버지께 마을의 숲에 토끼를 잡으러 가도 되냐고 여쭈었다. ① 아버지께서는 숲은 영주님 전용 사냥터라 함부로 사냥을 해서는 안 된다고 하셨다. ② 사냥을 하려면 영주님의 허락을 받아야 했다. 내가 사는 ③ 장원은 영주님의 것이라, ④ 기사인 내가 맘대로 할 수 있는 것이 많지 않아서 속상하다.

▶ 정답과 풀이 12쪽

5 빈칸을 채우며 이 글의 내용을 정리해 보세요.

핵심 정리

미하엘은 영주가 다스리는 땅인 ① [ ][ ]에 사는 농노이다. 농노는 옛날 유럽의 농민을 가리키는 말이다. 농노는 영주의 허락 없이는 이사를 갈 수도 없고, 다른 직업도 가질 수 없었다. ② [ ][ ]는 국왕에게 충성을 바치고 땅을 받아 하나의 나라처럼 직접 다스릴 수 있었다.

어휘 학습

6 낱말의 알맞은 뜻을 찾아 선으로 이어 보세요.

어휘 복습

(1) 전용 •　　　• ① 바른 이치나 도리.

(2) 순리 •　　　• ② 사람들의 사회적인 위치나 계급.

(3) 신분 •　　　• ③ 남과 같이 쓰지 않고 혼자서만 씀.

7 빈칸에 들어갈 알맞은 낱말을 보기에서 찾아 문장을 완성해 보세요.

어휘 적용

보기　태산　채비　강제　고귀

(1) 시험이 벌써 내일 모레라니, 걱정이 ________________이다.
↳ 크고 많음을 빗대어 이르는 말.

(2) 그 기사는 용감하고 ________________한 인품을 가지고 있었다.
↳ 훌륭하고 귀중함.

(3) 어머니는 아침 일찍부터 출근할 ________________를 서두르셨다.
↳ 어떤 일이 되기 위해 필요한 물건이나 자세.

22 십자군 기사들, 성지 예루살렘으로 향하다

왜 예루살렘을 두고 전쟁이 벌어졌을까? 과연 십자군은 예루살렘을 되찾게 될까?

교과서 핵심어	★크리스트교 ★예루살렘 ★이슬람교 ★십자군 전쟁

크리스트교 ❶신자들은 예루살렘을 매우 신성한 땅으로 여겼어. 예루살렘은 크리스트교를 만든 예수가 세상을 떠난 곳이거든. 이렇게 종교를 믿는 사람들이 신성하게 여기는 땅을 '성지'라고 해.

그런데 언제부턴가 유럽에는 흉흉한 소문이 퍼지기 시작했어. 당시 예루살렘은 이슬람 제국의 지배를 받고 있었는데, 이슬람교 신자들이 예루살렘의 크리스트교 신자들을 마구 죽이고 교회는 부숴버렸다는 거야.

신앙심 깊은 유럽 사람들은 잔뜩 흥분했어.

"지금 당장 예루살렘으로 쳐들어가서 ❷이교도 놈들을 모조리 없애 버립시다!"

마침내 교황도 이 소식을 듣게 되었지. 1095년, 교황은 사람들 앞에서 이렇게 선언했어.

"하느님께서 원하신다! ❸성전을 시작하자! 크리스트교 신자들은 모두 무기를 들고 일어나 지금 당장 이교도에게서 예루살렘을 되찾으라!"

교황의 선언에 ❹육중한 갑옷을 걸친 기사들이 즉시 모여들었어. 낫과 쇠갈퀴를 든 농민들도 떼를 지어 예루살렘으로 향했지. 이들은 옷에 십자가 모양의 무늬를 새겼어. 그래서 '십자군'이라는 이름이 붙었지. 십자군이 예루살렘으로 향하며 시작된 이 전쟁을 '십자군 전쟁'이라고 해.

성직자들은 더 많은 사람을 십자군 전쟁에 보내려고 온갖 이야기를 지어냈어.

"십자군 전쟁에 참가하는 사람은 모든 죄를 용서받고 천국에 갈 것이오. 이교도를 죽이거나 그 재산을 빼앗더라도 전혀 죄가 되지 않소."

"그게 정말입니까? 마음껏 빼앗아도 천국에 간다고요?"

그러자 ❺한몫 잡으려는 욕심에 ❻눈먼 온갖 사람들도 십자군에 ❼합류했어. 그리고

---

❶ 신자(信믿을 신, 者사람 자) 종교를 믿는 사람. ❷ 이교도(異다를 이, 敎가르침 교, 徒무리 도) 자기와 다른 종교를 믿는 사람들을 가리키는 말. ❸ 성전(聖성스러울 성, 戰싸울 전) 종교적인 신념을 가지고 치르는 전쟁. ❹ 육중하다(肉고기 육, 重무거울 중) 투박하고 무겁다. ❺ 한몫 잡다 단단히 이득을 취하다.

공부한 날 월 일

십자군 전쟁
(1096년 ~ 1291년)

크리스트교 신자들이 이슬람 제국이 차지한 성지 예루살렘을 되찾기 위해 일으킨 전쟁이야.

예루살렘까지 가는 내내 이슬람교를 믿는 마을을 수없이 약탈하고 많은 사람을 죽였지. 첫 번째 십자군 전쟁은 이런 식으로 3년이 넘도록 이어졌어.

1099년, 마침내 십자군은 예루살렘을 정복했어.

"하느님의 뜻이 이루어졌다. 성지를 되찾았도다!"

십자군은 예루살렘에 크리스트교를 믿는 왕국을 세웠어. 하지만 여기서 끝이 아니었지. 이슬람 제국도 곧 군대를 모아 반격에 나섰거든.

"예루살렘을 이렇게 빼앗길 순 없다. 이슬람을 믿는 형제들이여, 맞서 싸우자!"

사실 예루살렘은 이슬람교 신자들 역시 신성하게 여기는 땅이었어. 이슬람교를 만든 무함마드가 예루살렘에서 말을 타고 하늘로 올라갔다가 돌아왔다는 이야기가 전해지기 때문이지. 그러니 양쪽 모두 예루살렘을 쉽게 포기할 수 없었던 거야. 그래서 십자군은 이슬람 제국과 예루살렘을 두고 엎치락뒤치락 200년 가까이 전쟁을 벌였어.

---

❻ 눈멀다 어떤 일에 마음을 빼앗겨 이성을 잃다. ❼ 합류(合합할 합, 流흐를 류) 어떤 일을 하려고 여럿이 함께 모임.

1 중심 내용

이 글의 중심 내용으로 알맞은 것을 골라 보세요. (   )

① 예루살렘을 차지한 이슬람 제국
② 예루살렘을 되찾자고 선언한 교황
③ 이슬람 세력을 물리친 십자군의 비결
④ 예루살렘을 둘러싸고 벌어진 십자군 전쟁

2 내용 이해

이 글의 내용과 일치하는 것을 골라 보세요. (   )

① 십자군 전쟁은 1년 만에 끝났다.
② 신앙심이 깊은 기사들만 십자군에 합류했다.
③ 예루살렘은 크리스트교와 이슬람교의 성지다.
④ 십자군은 예루살렘까지 가는 동안 수많은 이슬람교도를 살려주었다.

3 추론

이 글을 읽고 십자군이 했을 말로 알맞지 않은 것을 골라 보세요. (   )

① 하느님이 원하시는 전쟁이다!
② 예루살렘을 사이좋게 반으로 나누자!
③ 이교도 놈들은 죽여도 죄가 되지 않아!
④ 예수님이 돌아가신 곳! 절대 포기 못 해!

4 내용 적용

이 글을 영화로 만들었어요. 영화에 들어갈 장면을 순서대로 번호를 써 보세요.

① 교황이 예루살렘을 되찾자고 선언하는 장면	② 예루살렘이 이슬람 제국의 지배 아래 놓이는 장면	③ 크리스트교 신자들이 옷에 십자가를 새기는 장면	④ 십자군이 예루살렘을 되찾고 왕국을 세우는 장면

(   ) ➡ (   ) ➡ (   ) ➡ (   )

▶ 정답과 풀이 12쪽

5 빈칸을 채우며 이 글의 내용을 정리해 보세요.

핵심 정리

① □□□ □□

- 성지 ② □□□□ 을 두고 크리스트교와 이슬람교 사이에 일어난 전쟁.
- 1099년, 십자군이 이곳을 정복하고 크리스트교 왕국을 세움.
- 이후 이슬람 제국과 십자군 사이에 200년 가까이 전쟁이 계속됨.

어휘 학습

6 낱말의 알맞은 뜻을 찾아 선으로 이어 보세요.

어휘 복습

(1) 신자 •　　　　• ① 종교를 믿는 사람.

(2) 성전 •　　　　• ② 종교적인 신념을 가지고 치르는 전쟁.

(3) 이교도 •　　　　• ③ 자기와 다른 종교를 믿는 사람들을 가리키는 말.

7 밑줄 친 낱말의 알맞은 뜻을 골라 번호를 써 보세요.

어휘 적용

눈멀다	① 눈이 나빠져 아무것도 보이지 않게 되다. 예 **눈먼** 분들도 지하철을 탈 수 있어야 합니다. ② 어떤 일에 마음을 빼앗겨 이성을 잃다. 예 돈에 **눈먼** 사람들은 친구도 몰라본다.

(1) 도박에 <u>눈먼</u> 사람들은 하룻밤에 전 재산을 날리기도 합니다. (　　)

(2) 우리 강아지는 갑작스럽게 큰 병을 앓아 <u>눈먼</u> 채로 살아간다. (　　)

살라딘,
십자군을 물리치다

이슬람의 명장 살라딘이 리처드 1세라는 만만찮은 상대를 만났어. 과연 승자는 누구일까?

교과서 핵심어 | ★살라딘 ★리처드 1세 ★예루살렘 ★십자군 전쟁

살라딘
(1137년 ~ 1193년)

이슬람 제국의 장군이야. 뛰어난 전략으로 이집트를 정복해 왕이 되었고, 십자군에 맞서 예루살렘을 되찾았어.

"드디어 예루살렘을 되찾았구나. 모두들 고생 많았다."

갑옷을 입은 한 사람이 예루살렘의 성문을 들어서며 주변의 병사들을 향해 ❶인자하게 웃어 보였어. 이 사람은 이슬람 제국의 살라딘이야. 오랜 전쟁 끝에 십자군에게서 예루살렘을 되찾은 ❷백전백승의 장군이지.

"성안에 항복한 십자군 병사가 많습니다. 어떻게 할까요?"

"이미 무기를 버리고 ❸항복한 사람들이 아니냐. 모두 안전하게 집에 돌아갈 수 있도록 해 주거라."

살라딘은 몹시 ❹관대하기로 유명했어. 종교가 다르다는 이유로 닥치는 대로 사람들을 죽였던 십자군과는 달랐지. 살라딘은 십자군에 맞서 싸우면서도 크리스트교를 믿는 평범한 사람들의 재산과 생명에는 손을 대지 않았고, 오로지 높은 기사와 귀족들만 처형했어. 덕분에 많은 사람들이 집으로 안전하게 돌아갈 수 있었지.

하지만 예루살렘을 이슬람 세력에게 빼앗겼다는 소식은 유럽을 뒤흔들었어. 얼마 뒤, 예루살렘을 다시 점령하기 위해 또 다른 십자군이 출발했지.

"건방진 이슬람 놈들! 이번에는 내가 본때를 보여주겠다."

이번에 십자군 전쟁에 참여한 사람 중에는 영국 왕 리처드 1세도 있었어. 리처드 1세는 매우 용감하고 싸움 실력이 뛰어난 기사였어. 배짱이 아주 두둑하고 용맹해서 '사자의 심장'이란 별명까지 있을 정도였지. 리처드 1세는 십자군의 제일 앞에 서서 누구보다 용맹하게 싸웠어.

살라딘은 멀리 언덕에서 리처드 1세가 싸우는 모습을 바라보다가 한 신하에게 물었어.

---

❶ 인자(仁어질 인, 慈사랑할 자) 마음이 너그럽고 따뜻함. ❷ 백전백승(百일백 백, 戰싸울 전, 百일백 백, 勝이길 승) 싸울 때마다 다 이김. ❸ 항복(降항복할 항, 伏엎드릴 복) 적이나 상대편의 힘에 눌려 패배를 인정하고 무릎을 꿇음. ❹ 관대하다(寬너그러울 관, 大클 대) 마음이 넓고 이해심이 많다.

"도대체 저 기사는 누구인가?"

"영국의 왕 리처드 1세입니다. 용맹하기로 명성이 ⑤자자합니다."

"적이지만 정말 대단한 자로구나. 저런 적에게는 진다고 해도 부끄럽지 않겠다."

리처드 1세를 본 살라딘은 크게 감탄했어. 하지만 그런 만큼 더욱 더 머리를 써서 리처드 1세를 상대했지. 리처드 1세는 ⑥고군분투했지만, 살라딘의 ⑦교묘한 전략에 밀려 결국에는 예루살렘을 되찾는 것을 포기할 수밖에 없었어.

"리처드 1세가 사람을 보냈습니다. 예루살렘을 포기할 테니 전쟁을 멈추고 협상을 하자고 합니다."

"다행이구나. 십자군이 얌전히 돌아간다면, 앞으로 크리스트교 신자들이 예루살렘에서 안전하게 머물 수 있을 거라고 전하거라."

살라딘은 약속대로 예루살렘의 크리스트교 신자들을 보호했어. 관대한 살라딘의 이야기는 이슬람 세계는 물론, 유럽에도 널리 퍼져 나갔지. 지금도 살라딘은 많은 곳에서 영웅으로 존경받고 있어.

---

⑤ 자자하다(藉깔 자, 藉깔 자) 여러 사람의 입에 오르내려 떠들썩하다. ⑥ 고군분투(孤외로울 고, 軍군사 군, 奮떨칠 분, 鬪싸울 투) 전장에서 고립된 군대가 많은 수의 적군과 용감하게 잘 싸움. ⑦ 교묘하다(巧공교할 교, 妙묘할 묘) 솜씨나 재주가 남다르게 뛰어나다.

1 중심 내용

빈칸을 채워 이 글의 중심 내용을 완성해 보세요.

십자군을 물리치고 □□□□ 을 차지한 살라딘

2 인물 이해

이 글의 살라딘에 대한 설명으로 알맞은 것을 모두 골라 보세요. (,)

① 십자군을 이끄는 장군이었다.

② 크리스트교를 믿는 사람들은 모두 처형했다.

③ 약속대로 예루살렘의 크리스트교 신자를 보호했다.

④ 항복한 십자군 병사들을 안전하게 집으로 돌아갈 수 있도록 하였다.

3 내용 이해

이 글의 내용을 잘못 이해한 사람을 골라 보세요. ( )

① 영심: 살라딘은 '사자의 심장'이란 별명에 걸맞게 참 용맹했네!

② 수재: 살라딘과 리처드 1세의 협상이 이뤄진 덕분에 전쟁이 끝난 거야.

③ 하다: 적의 인정을 받을 정도면 리처드 1세의 싸움 실력이 정말 대단했나 봐.

④ 선애: 십자군에게 한 행동을 보면 살라딘은 무척 관대한 사람이었던 것 같아!

4 내용 적용

이 글의 살라딘이 쓴 일기예요. 이 글의 내용과 일치하지 않는 것을 골라 보세요. ( )

십자군을 물리치다!

날짜: ○○년 ○○월 ○○일 날씨: 맑음

① 예루살렘을 되찾고 한숨 돌리나 싶었는데, ② 유럽에서 예루살렘을 되찾겠다며 또 다시 십자군을 보냈다. 십자군을 이끄는 ③ 리처드 1세는 영국의 왕이라는데, 무척 용감하고 싸움 실력이 뛰어났다. 하지만 나는 교묘한 전략을 써서 십자군을 몰아붙였다. 그리고 마침내 ④ 리처드 1세를 죽여 십자군을 물리쳤다.

▶ 정답과 풀이 13쪽

5 빈칸을 채우며 이 글의 내용을 정리해 보세요.

핵심 정리

이슬람 제국의 ① [ ][ ][ ] 이 예루살렘을 되찾았다.

⬇

영국 왕 리처드 1세는 이슬람 세력을 물리치기 위해
② [ ][ ][ ] 에 참여해 예루살렘으로 향했다.

⬇

리처드 1세는 용감히 싸웠지만, 교묘한 전략에 밀려 결국 예루살렘을 포기했다.

어휘 학습

6 낱말의 알맞은 뜻을 찾아 선으로 이어 보세요.

어휘 복습

(1) 인자 •　　　　• ① 싸울 때마다 다 이김.

(2) 백전백승 •　　　　• ② 마음이 너그럽고 따뜻함.

(3) 교묘하다 •　　　　• ③ 솜씨나 재주가 남다르게 뛰어나다.

7 빈칸에 들어갈 알맞은 낱말을 보기 에서 찾아 문장을 완성해 보세요.

어휘 적용

보기　항복　관대하다　자자하다　고군분투

(1) 그 사람은 욕심이 많기로 동네에 소문이 ________________.
↳ 여러 사람의 입에 오르내려 떠들썩하다.

(2) 잘못을 너그러이 용서해 주는 내 친구는 참 ________________.
↳ 마음이 넓고 이해심이 많다.

(3) 반란군은 힘껏 성을 지키며 ________________했으나 끝내 패배하고 말았다.
↳ 전장에서 고립된 군대가 많은 수의 적군과 용감하게 잘 싸움.

| 유럽 |

교황, 엄청난 굴욕을 맛보다

교황은 어쩌다 아비뇽에 갇히게 되었을까? 프랑스 국왕과 교황 사이에 무슨 일이 있었는지 궁금해!

교과서 핵심어 | ★교황 ★프랑스 ★아비뇽 유수

"하느님이 원하는 일이라고 했는데, 십자군은 대체 왜 진 거야?"

유럽의 한 마을 광장에 모인 사람들이 수군거렸어. 이슬람 제국이 예루살렘을 빼앗은 뒤로 이렇게 이야기하는 사람이 많아졌지. 이제 유럽 사람들은 예전만큼 교회와 성직자들의 말을 귀담아듣지 않았어.

이 무렵, 프랑스의 왕 필리프 4세는 나라의 ❶금고가 텅 비어서 ❷곤란해하고 있었어. 영국을 비롯한 주변 나라와 전쟁을 벌이느라 돈을 다 써버렸거든. 필리프 4세는 온갖 세금을 거둬들여 돈을 박박 긁어모았지만, 금고를 채우기에는 턱없이 모자랐지.

"끙……. 어디서 돈을 마련한담?"

필리프 4세는 세금을 더 거둘 방법을 열심히 떠올렸어. 그러다 마침내 좋은 생각이 났지.

"듣자 하니 교회의 성직자들은 지금껏 세금을 내지 않았다고 하더군! 성직자에게 세금을 걷는다면 나라의 금고를 채울 수 있을 거야."

"전하, 성직자는 지금껏 나라가 아니라 교황님께 세금을 내 왔습니다만……."

"어허, 성직자도 프랑스 사람이 아니냐? 나라에 세금을 내는 것이 당연하다."

필리프 4세가 교회에 세금을 걷기로 했다는 소식에 교황은 크게 화를 냈어.

"어림없는 소리! 프랑스 왕에게 절대로 안 된다고 전하라!"

하지만 필리프 4세는 조금도 물러서지 않았어. 오히려 교황에게 물러나라며 ❸엄포를 놓더니, 급기야 교황이 머물고 있는 ❹별장으로 부하 기사들을 보냈어. 갑옷을 입은 험상궂은 기사들이 별장에 나타나자 교황은 화가 나서 호통을 쳤지.

"무례한 놈들! 너희들과 프랑스 왕을 모두 파문하겠다! 하느님의 이름으로……."

---

❶ 금고(金쇠 금, 庫곳집 고) 돈이나 귀중한 서류, 귀중품을 보관하는 데 쓰는 커다란 네모진 상자 혹은 창고. ❷ 곤란(困괴로울 곤, 難어려울 난) 사정이 몹시 딱하고 어려움. ❸ 엄포를 놓다 어떤 사람이 다른 사람에게 실속 없는 큰소리로 다른 사람을 위협하거나 으르다. ❹ 별장(別나눌 별, 莊전장 장) 경치 좋은 곳에 따로 지어 놓고 때때로 머물며 쉬는 집.

"철썩!"

그때, 교황 앞에 있던 기사 한 명이 강철 장갑을 낀 손으로 교황의 뺨을 힘껏 때렸어. 호통을 치던 교황은 그 자리에 풀썩 쓰러지고 말았지. 기사는 시끄럽다는 듯 말했어.

"거참 교황인지 뭔지 말이 참 많군!"

교황은 기사의 행동에 큰 충격을 받았어. 교황을 이렇게 함부로 대하는 건 예전에는 상상도 못할 일이었거든. 교황은 그대로 앓아 눕고 말았어. 그리고 얼마 뒤 세상을 떠났지. 그러자 필리프 4세는 자기 말을 잘 듣는 성직자를 새로운 교황으로 뽑았어.

"이제부터 교황은 프랑스에 머물도록 하시오."

필리프 4세는 새 교황을 로마 대신 프랑스 남부의 작은 도시 아비뇽에 머물게 했어. 교황은 70년 가까이 아비뇽에 붙잡혀 꼼짝달싹 못했지. 이 사건을 아비뇽 ❺유수라고 불러. 교황이 아비뇽에 갇혀 있었다는 뜻이야. 아비뇽 유수 기간 동안 교황은 프랑스 왕의 명령에 따를 수밖에 없었어. 교황의 ❻권위는 땅바닥에 ❼곤두박질치고 말았지.

❺ 유수(幽그윽할 유, 囚가둘 수) 잡아 가둠. ❻ 권위(權권세 권, 威위엄 위) 남을 지휘하거나 통솔하여 따르게 하는 힘.
❼ 곤두박질 몸이 뒤집혀 갑자기 거꾸로 내리박히는 일로, 좋지 못한 상태로 급히 떨어짐을 뜻함.

1 이 글의 중심 내용으로 알맞은 것을 골라 보세요. (　　　)

중심 내용

① 교황의 뺨을 때린 프랑스 기사
② 교황에게 세금을 걷은 필리프 4세
③ 유럽 사람들에게 존경을 받은 교황
④ 아비뇽에 갇히며 권위가 추락한 교황

2 이 글을 읽고 필리프 4세에 대한 설명으로 알맞지 않은 것을 골라 보세요. (　　　)

인물 이해

① 프랑스의 왕이었다.
② 나라에 돈이 없어 곤란한 상태였다.
③ 교황에게 맞선 죄로 아비뇽에 오랫동안 붙잡혀 있었다.
④ 나라의 금고를 채우기 위해 성직자에게 세금을 걷기로 하였다.

3 이 글의 프랑스 기사와 인터뷰를 했어요. 빈칸에 들어갈 말로 알맞은 것을 골라 보세요. (　　　)

내용 적용

> 기자: 왜 교황의 뺨을 때렸습니까?
> 기사: ________________________________

① 교황이 프랑스 왕을 죽였기 때문입니다.
② 교황이 하느님의 이름을 모욕했기 때문입니다.
③ 교황이 프랑스 왕에게 세금을 걷겠다고 해서 화가 났기 때문입니다.
④ 힘도 없으면서 걸핏하면 하느님만 외치는 교황이 우스웠기 때문입니다.

4 이 글을 읽고 빈칸에 들어갈 알맞은 낱말을 써 보세요.

자료 해석

사진 속 건물은 프랑스 아비뇽의 교황청이었던 건물입니다. 교황은 70년 가까이 이곳에 머물며 프랑스 왕의 명령에 따라야만 하는 신세였죠. 교황의 권위를 크게 떨어뜨린 이 사건을 '　　　　　　' 라고 합니다.

▶ 정답과 풀이 13쪽

5 알맞은 말을 골라 ○표 하며 이 글의 내용을 정리해 보세요.

핵심 정리

십자군 전쟁 이후 교회의 권위는 (**강해졌다** / **약해졌다**). 프랑스 왕 필리프 4세는 교회에도 세금을 걷으려 했고, 교황은 이에 반발하다 모욕을 당하고 죽었다. 필리프 4세는 새로 뽑은 교황을 프랑스의 작은 도시 (**파리** / **아비뇽**)에 머물게 하며 70년 가까이 붙잡아 두었다. 이 사건을 '아비뇽 유수'라고 부른다.

어휘 학습

6 낱말의 알맞은 뜻을 찾아 선으로 이어 보세요.

어휘 복습

(1) 곤란 •

(2) 별장 •

(3) 권위 •

• ① 사정이 몹시 딱하고 어려움.

• ② 남을 지휘하거나 통솔하여 따르게 하는 힘.

• ③ 경치 좋은 곳에 따로 지어 놓고 때때로 머물며 쉬는 집.

7 밑줄 친 낱말의 알맞은 뜻을 골라 번호를 써 보세요.

어휘 적용

유수	① (流흐를 류 水물 수) 흐르는 물. 예 시간의 흐름은 마치 **유수**와 같다. ② (幽그윽할 유 囚가둘 수) 잡아 가둠. 예 아비뇽 **유수**. ③ (有있을 유 數셀 수) 손꼽을 만큼 두드러지거나 훌륭함. 예 국내 **유수**의 대기업.

(1) 아이가 자라는 걸 보니 세월이 유수와 같이 빠르구나. (　　)

(2) 그 사람은 세계 유수의 대학을 졸업한 뛰어난 인재다. (　　)

(3) 유대인들이 오랫동안 바빌론에 포로로 잡혀 있던 사건을 바빌론 유수라고 해. (　　)

흑사병, 사람을 수천만 명이나 죽이다

걸리기만 하면 죽는 병이라니, 너무 무서워! 흑사병에서 살아남을 방법은 없었을까?

교과서 핵심어 | ★전염병 ★흑사병 ★유럽

"의사 선생님! 우리 가족 좀 살려 주세요!"

의사가 도시에 들어서자 사람들이 살려 달라며 애원[1]했어. 거리 곳곳에는 죽은 사람들이 아무렇게나 쓰러져 있었어. 길거리에서 숨을 헐떡이는 사람도 보였지. 이 모습을 본 의사는 이 도시에 심각한 전염병[2]이 퍼졌다는 걸 한눈에 알 수 있었어.

'소문대로 흑사병이 퍼진 거구나.'

흑사병은 옛날 유럽에서 유행했던 전염병으로, 쥐의 벼룩[3]을 통해 번졌어. 피부가 검게 변하면서 죽어간다고 해서 흑사병이란 이름이 붙었지. 흑사병은 무서운 속도로 퍼지는 데다가, 일단 한번 걸리면 며칠 만에 목숨을 잃는 끔찍한 병이었어. 치료법은 아무도 알지 못했지.

의사는 흑사병이 퍼진다는 소문에 먼 길을 달려온 참이었어. 의사는 가방을 꽉 붙잡은 채 주변 사람들에게 물었지.

"환자들은 어디에 있습니까? 우선 환자들에게 데려다주세요."

사람들은 의사를 어느 집으로 이끌었어. 집에는 침대에 누워 끙끙 신음하는 사람들이 많았지. 모두들 피부가 검게 부풀어 올랐고, 힘에 겨운 듯 숨을 거칠게 몰아쉬고 있었어. 환자들의 상태를 본 의사는 고개를 저었어.

흑사병

흑사병으로 마을 사람들이 다 죽었어! 하느님이 우릴 버린 게 틀림없어!

❶ 애원(哀슬플 애, 願바랄 원) 소원이나 요구를 들어 달라고 애처롭고 간절하게 빎. ❷ 전염병(傳전할 전, 染물들일 염, 病질병 병) 세균이나 바이러스가 다른 생물체에 옮아 집단으로 유행하는 병. ❸ 벼룩 벼룩목에 속하는 곤충으로 몸집이 매우 작으며, 동물의 피를 빨아먹어 가려움증을 일으킴.

"안타깝지만 이미 ❹가망이 없습니다. 여러분, 이제는 살아있는 분들이라도 어서 멀리 피해야 합니다."

"우리 마을에 왜 이런 일이 생긴 거죠! 하느님이 우리를 버리신 걸까요?"

"저도 모릅니다. 하지만 여기 함께 있다가는 모두 다 죽습니다."

의사는 이미 흑사병이 퍼진 마을을 여러 번 본 적이 있어. 때로는 며칠 만에 마을 사람이 모두 다 목숨을 잃었지. 흑사병을 피해 살아남으려면 마을을 떠나는 수밖에 없었어.

그때, 갑자기 이상한 소리가 들려왔어.

"휘리릭! 착!"

"하느님께서 분노하셨습니다! 기도해야 나을 수 있습니다!"

십자가를 지고 길을 따라 ❺행진하는 사람들이었어. 흑사병은 신이 내린 벌이니 용서를 빈다며 스스로를 채찍으로 때리고, 고함을 지르며 걷고 있었지.

"그만두십시오! 그렇게 하면 병이 더 ❻악화될 뿐이에요!"

의사는 사람들을 말렸어. 그리고 조금이라도 건강한 사람들은 서둘러 마을을 떠나 사람이 없는 곳으로 ❼대피하라고 일러 주었지. 의사의 말에 따라 수많은 사람들이 마을을 떠났어.

흑사병은 온 유럽에 번져 사람을 수천만 명이나 죽였어. 그리고 지금도 인류 역사상 가장 무서웠던 전염병 중 하나로 기억되고 있지.

---

❹ 가망(可옳을 가, 望바랄 망) 바라는 대로 좋아질 것이라는 희망. ❺ 행진(行다닐 행, 進나아갈 진) 줄지어 앞으로 나아감. ❻ 악화(惡악할 악, 化될 화) 어떤 상황이나 병의 증세가 나빠짐. ❼ 대피(待대비할 대, 避피할 피) 위험이나 피해를 당하지 않도록 일시적으로 피함.

독해 학습

1 이 글의 중심 내용으로 알맞은 것에 ○표 해 보세요.

중심 내용

① 흑사병을 치료하는 의사 [ ]

② 신의 저주로 흑사병에 걸린 사람들 [ ]

③ 유럽에서 수많은 생명을 앗아간 흑사병 [ ]

2 이 글의 흑사병에 대한 설명으로 알맞지 않은 것을 골라 보세요. (　　　)

내용 이해

① 피부가 검게 변하는 병이다.

② 쥐의 벼룩을 통해 옮는 병이다.

③ 병이 퍼지는 속도가 무서울 정도로 빨랐다.

④ 치료법이 발견되어 수천만 명이 목숨을 건졌다.

3 이 글을 연극으로 만들었어요. 빈칸에 들어갈 대사로 알맞지 않은 것을 골라 보세요. (　　　)

내용 적용

> 마을 사람: 선생님, 가족이 흑사병에 걸렸는데 어떻게 해야 하나요?
> 의사: ______________________________

① 흑사병의 치료법은 아직 아무도 모릅니다.

② 하느님의 벌입니다. 기도해야 나을 수 있습니다.

③ 일단 걸리면 며칠 만에 죽을 수도 있으니 마음의 준비를 하십시오.

④ 아직 안 걸린 사람은 환자와 접촉하지 말고 멀리 떨어지셔야 합니다.

4 다음 신문 기사에서 이 글의 내용과 일치하지 않는 것을 골라 보세요. (　　　)

내용 적용

> **○○ 일보** ○○년 ○○월 ○○일
>
> **<속보> 흑사병, 신이 내린 벌이라 주장하는 사람들 나타나**
>
> 흑사병이 신이 내린 벌이라며 주장하는 사람들이 나타나 화제다. 이 사람들은 ① 십자가를 지고 행진하며 ② "흑사병은 하느님께서 분노해서 내린 벌"이라고 크게 고함을 질렀다. 심지어는 ③ 채찍으로 자신의 몸을 때리는 사람도 있었다. 이에 ④ 의사는 이런 행동이 흑사병을 극복하는 데 큰 도움이 된다고 이들을 거들었다.

▶ 정답과 풀이 14쪽

5 빈칸을 채우며 이 글의 내용을 정리해 보세요.

핵심 정리

옛날 유럽에는 무시무시한 전염병이 돌았다. 이 병에 걸린 사람은 며칠 내로 온 몸이 새까매진 채 목숨을 잃었다. 그래서 이 병을 [| |]이라 불렀다. 이 병이 전 유럽에 번지며 수천만 명의 유럽 사람들이 죽었다.

어휘 학습

6 낱말의 알맞은 뜻을 찾아 선으로 이어 보세요.

어휘 복습

(1) 행진 •
(2) 악화 •
(3) 전염병 •

• ① 줄지어 앞으로 나아감.
• ② 어떤 상황이나 병의 증세가 나빠짐.
• ③ 세균이나 바이러스가 다른 생물체에 옮아 집단으로 유행하는 병.

7 보기에서 알맞은 낱말을 찾아 밑줄 친 말을 바꾸어 써 보세요.

어휘 적용

보기	애원	벼룩	가망	대피

(1) 가족들은 할아버지를 살려 달라고 의사에게 애처롭고 간절하게 빌었다.

➡ 가족들은 할아버지를 살려 달라고 의사에게 (   )했다.

(2) 할아버지의 병이 너무 깊어서 더는 바라는 대로 좋아지실 거란 희망이 없다.

➡ 할아버지의 병이 너무 깊어서 더는 (   )이 없다.

▶ 정답 18쪽

핵심어로 보물 상자 찾기!

길을 따라가며 둘 중 설명에 맞는 핵심어에 ○표 하고, ○표 한 핵심어에 그려진 보물 상자의 개수를 모두 더해 보세요.

찾은 보물 상자는 모두 ____________개!

6주

1206년 칭기즈 칸, 몽골 통일

1270년 삼별초의 난

1271년 원나라 건국

1271년 마르코 폴로, 아시아 여행 시작

1324년 만사 무사의 메카 순례 여행

1337년 백년 전쟁 (~1453년)

1392년 조선 건국

회차	학습 내용	교과서 핵심어	교과 연계	학습 계획일
26	**칭기즈 칸,** 세계 정복에 나서다	★ 칭기즈 칸 ★ 테무친 ★ 몽골	【중학 역사 Ⅰ】 3. 지역 세계의 교류와 변화 ① 몽골 제국과 문화 교류	월 일
27	**쿠빌라이,** 중국의 지배자가 되다	★ 쿠빌라이 ★ 몽골 ★ 원나라 ★ 남송	【중학 역사 Ⅰ】 3. 지역 세계의 교류와 변화 ① 몽골 제국과 문화 교류	월 일
28	**마르코 폴로,** 신비한 아시아의 이야기를 전하다	★ 마르코 폴로 ★ 원나라 ★ 동방견문록	【중학 역사 Ⅰ】 3. 지역 세계의 교류와 변화 ① 몽골 제국과 문화 교류	월 일
29	세상에서 가장 돈이 많았던 왕, **만사 무사**	★ 만사 무사 ★ 아프리카 ★ 말리 왕국	【중학 역사 Ⅰ】 2. 세계 종교의 확산과 지역 문화의 형성 ③ 이슬람 문화의 형성과 확산	월 일
30	프랑스를 구원한 소녀 **잔 다르크**	★ 잔 다르크 ★ 프랑스 ★ 영국 ★ 백년 전쟁	【중학 역사 Ⅰ】 2. 세계 종교의 확산과 지역 문화의 형성 ④ 크리스트교 문화의 형성과 확산	월 일
역사 놀이터	**가로세로 핵심어 찾기!**			

칭기즈 칸, 세계 정복에 나서다

테무친은 어떻게 고난을 극복하고 몽골 제국을 세우게 되었을까?

칭기즈 칸
(1162년 ~ 1227년)

몽골 제국을 세운 인물이야. 어린 시절 고난을 이겨내고 몽골 초원을 통일한 뒤 세계 정복에 나섰어. 본래 이름은 '테무친'이었어.

교과서 핵심어 | ★칭기즈 칸 ★테무친 ★몽골

중국 북쪽에는 드넓은 몽골 초원❶이 펼쳐져 있어. 몽골 초원에 사는 몽골족들은 예로부터 여러 부족❷으로 나뉘어 여러 곳을 옮겨 다니며 가축❸을 기르는 유목❹ 생활을 했지. 몽골 부족들은 서로 더 많은 가축을 갖고, 더 넓은 풀밭에서 가축을 기르기 위해 다툼을 벌이곤 했어.

그러던 어느 날, 한 몽골 부족장이 이웃 부족의 음모에 빠져 젊은 나이에 세상을 떠났어. 이 부족장에게는 이제 막 아홉 살이 된 테무친이라는 어린 아들이 있었지.

"테무친이 어른이 되면 우리에게 복수할지도 모른다. 테무친을 죽여라!"

어린 테무친은 자신을 죽이려는 사람들을 피해 험한 산으로 도망갔어. 그리고 모진 고생이 시작됐지. 먹을 것이 없어서 들쥐를 잡아먹으며 굶주린 배를 채웠고, 그마저도 없을 때는 풀뿌리를 씹어가며 버텨야 했어.

테무친은 온갖 고생을 하면서도 이를 악물고 다짐했어.

'언젠가는 내가 위대한 왕이 되어 몽골 부족을 통일할 것이다.'

무사히 어른이 된 테무친은 우여곡절❺ 끝에 자신의 부족을 꾸릴 수 있었어. 하지만 테무친의 세력은 여전히 초라했지❻. 아버지가 허무하게 세상을 떠난 뒤 아버지의 부하들도, 친척들도 모두 테무친의 곁을 떠나버렸거든.

테무친은 능력 있는 부하가 꼭 필요했어. 그래서 한번 인연을 맺은 사람은 끝까지 잊지 않았어. 또 능력 있는 사람이라면 출신을 가리지 않고 자기 편으로 받아들였지.

테무친에 대한 소문은 점점 초원 곳곳으로 퍼져 나갔어.

"테무친이라는 사람이 그렇게 대단하다면서?"

---

❶ 초원(草풀 초, 原근본 원) 풀이 나 있는 들판. ❷ 부족(部떼 부, 族겨레 족) 같은 조상과 언어, 종교 등을 가진 지역적 생활 공동체. ❸ 가축(家집 가, 畜짐승 축) 집에서 기르는 짐승. 소, 말, 돼지, 닭, 개 등이 가축에 속함. ❹ 유목(遊떠돌 유, 牧칠 목) 물과 풀밭을 찾아 옮겨 다니면서 목축을 하며 사는 것.

"그래, 가문이 아무리 보잘 것 없어도, 능력만 있으면 곁에 둔다는군."

테무친의 부족은 하루가 다르게 커졌어. 테무친은 전쟁터에서 용감하게 말을 달리며 수많은 전투를 승리로 이끌었지.

1206년, 테무친은 마침내 모든 몽골 부족을 통일했어. 아버지를 잃고 산으로 도망친 지 35년 만이었지.

"당신은 몽골의 위대한 칸입니다. 칭기즈 칸, 만세!"

몽골족은 테무친에게 '칭기즈 칸'이란 새 이름을 바쳤지. '위대한 왕'이라는 뜻이야.

칭기즈 칸의 깃발 아래 하나로 뭉친 몽골족은 세계 정복에 나섰어. 몽골군은 누구나 말타기에 뛰어났어. 말을 타고 달리면서도 거침없이 두 손으로 활을 쏠 수 있었지. 몽골군이 말을 타고 달려와 활을 쏘고 달아나 버리면, 걸어 다니는 병사들은 도무지 상대할 방법이 없었어. 그래서 몽골군은 주변 나라 사람들에게는 공포의 대상❼이었지.

"으악! 비상❽이다, 몽골군이 나타났다!"

몽골군이 나타났다는 소문만 돌아도 모두가 마을을 버리고 도망부터 갔지.

이렇게 승리를 거듭한 끝에, 칭기즈 칸이 이끄는 몽골족은 아시아에서 유럽에 이르는 거대한 나라 '몽골 제국'을 세우게 되었어.

칸

초원의 유목민들이 자신들의 왕을 부르는 말이야.

몽골

유라시아 대륙 내부에 자리 잡은 나라야. 북쪽으로는 러시아, 남쪽으로는 중국과 맞닿아 있어.

❺ 우여곡절(迂멀 우, 餘남을 여, 曲굽을 곡, 折꺾을 절) 뒤얽혀 복잡해진 사정. ❻ 초라하다 제대로 갖추어진 것이 없고 보잘것없다. ❼ 대상(對대할 대, 象형상 상) 어떤 일의 상대 또는 목표가 되는 것. ❽ 비상(非아닐 비, 常항상 상) 뜻밖의 긴급한 상황. 또는 이에 대응하기 위해 신속히 내려지는 명령.

독해 학습

1 중심 내용

빈칸을 채워 이 글의 중심 내용을 완성해 보세요.

몽골 부족을 통일하고 [ ][ ] [ ][ ] 을 세운 칭기즈 칸

2 인물 이해

이 글의 칭기즈 칸에 대한 설명으로 알맞은 것을 모두 골라 보세요. (　　　,　　　)

① 원래 이름은 테무친이다.

② 아버지와 함께 나라를 세웠다.

③ 몽골 부족을 하나로 통일하지 못했다.

④ 출신을 가리지 않고 능력 있는 사람을 받아들였다.

3 내용 이해

이 글의 몽골군에 대한 설명으로 알맞지 않은 것을 골라 보세요. (　　　)

① 병사들 모두가 말타기에 뛰어났다.

② 말을 탄 채로 활을 두 손으로 쏘지 못했다.

③ 주변 나라 사람들에게 공포의 대상이 되었다.

④ 말을 타고 달려와 활을 쏜 뒤에는 날쌔게 도망갔다.

4 내용 적용

이 글의 칭기즈 칸이 쓴 자서전이에요. 이 글의 내용과 일치하지 않는 것을 골라 보세요.
(　　　)

내가 칭기즈 칸이 되기까지

나의 아버지는 몽골의 한 부족장이었다. ① 내가 아홉 살이 되던 해, 아버지는 이웃 부족의 음모에 빠져 돌아가셨다. ② 나도 죽임을 당할 뻔했지만, 간신히 살아남았다. 나는 어려운 상황 속에서도 몽골 부족을 통일하겠다고 다짐했다. 어른이 되고 나서는 부족을 꾸려 세력을 키우는 데 힘썼다. ③ 아버지의 친척들과 부하들이 모두 나를 힘껏 도왔다. 결국, ④ 나는 몽골 부족을 통일하게 되었다.

▶ 정답과 풀이 14쪽

5 빈칸을 채우며 이 글의 내용을 정리해 보세요.

핵심 정리

인물 카드(앞면)

이름: ① [ ][ ][ ] [ ]

인물 카드(뒷면)

- 본래 이름은 ② '[ ][ ][ ]' 이었음.
- 어릴 때 아버지를 잃고 고생을 했음.
- 몽골 부족을 통일함.
- '위대한 왕'이라는 새 이름을 얻음.

6 낱말의 알맞은 뜻을 찾아 선으로 이어 보세요.

어휘 복습

(1) 초원 • • ① 풀이 나 있는 들판.

(2) 가축 • • ② 집에서 기르는 짐승.

(3) 유목 • • ③ 물과 풀밭을 찾아 옮겨 다니면서 목축을 하며 사는 것.

7 밑줄 친 낱말의 알맞은 뜻을 골라 번호를 써 보세요.

어휘 적용

비상	① (非아닐 비 常항상 상) 뜻밖의 긴급한 상황. 또는 이에 대응하기 위해 신속히 내려지는 명령. 예 도둑이 잡혔다는 소식에 **비상**이 해제되었다. ② (飛날 비 上위 상) 공중으로 높이 날아오르다. 예 비행기가 하늘로 **비상**하고 있다.

(1) 바다 위로 갈매기가 드높게 비상했다. (   )

(2) 커다란 산불이 났다는 소식에 소방서는 비상이 걸렸다. (   )

27 쿠빌라이, 중국의 지배자가 되다

쿠빌라이는 어떻게 남송을 물리치고 중국의 지배자가 되었을까?

쿠빌라이
(1215년 ~ 1294년)

몽골 제국의 칸이자, 원나라의 황제야. 남송을 정복해 중국 전체를 손에 넣었어.

교과서 핵심어	★쿠빌라이 ★몽골 ★원나라 ★남송

칭기즈 칸의 몽골 제국은 ❶파죽지세로 전 세계를 집어 삼켰어. 칭기즈 칸이 세상을 떠난 뒤에는 그 후손들이 계속해서 정복 전쟁을 이어갔어. 몽골 제국은 동쪽으로는 중국에서 서쪽으로는 유럽에 이르는 거대한 영토를 지배하게 되었지.

1260년에는 칭기즈 칸의 손자인 쿠빌라이가 몽골 제국을 다스리는 칸이 되었어. 쿠빌라이는 몽골 제국의 세력을 중국 북부까지 넓힌 뒤 원나라를 세우고, 황제 자리에 올랐지. 그런데 세계 정복을 눈앞에 둔 쿠빌라이에게는 아직 골칫거리가 남아 있었어.

"이번에야말로, 송나라를 무너뜨리고 중국을 완전히 손아귀에 넣고 말리라."

몽골 제국은 벌써 20년이 넘도록 중국 남쪽의 남송과 전쟁 중이었어. 그 사이 전 세계 다른 나라들은 모두 무릎을 꿇었지. 하지만 남송은 여전히 무너질 기미가 보이지 않았어. 쿠빌라이는 신하들에게 물었어.

"왜 남송과의 전쟁이 이렇게 ❷지지부진한가?"

"남송에는 튼튼한 성이 많습니다. 우리 몽골의 기병은 성벽을 넘지 못하니, 적들이 성으로 도망가면 힘을 못 쓰는 것입니다."

"또, 남송에는 큰 강도 많습니다. 기병은 강에서 싸울 수도 없습니다."

신하들의 이야기를 들은 쿠빌라이는 더욱 ❸치밀하게 작전을 짰어.

"남송을 이기려면 성을 점령해야 한다. 성을 ❹봉쇄하고 적의 식량이 떨어질 때까지 버텨라. 그리고 성벽을 무너뜨릴 방법을 아는 자가 있다면 누구든 불러와라!"

원나라 군대는 쿠빌라이의 명령에 따라 성을 집중적으로 공격했어. 성을 꽁꽁 둘러싸 아무도 드나들 수 없도록 하고, 다른 나라에서 ❺공성 기술자를 불러와서

---

❶ 파죽지세(破깨뜨릴 파, 竹대나무 죽, 之어조사 지, 勢형세 세) 적을 거침없이 물리치고 쳐들어가는 기세를 이르는 말. ❷ 지지부진(遲늦을 지, 遲늦을 지, 不아니 불, 進나아갈 진) 매우 더뎌서 일이 제대로 진행되지 못함. ❸ 치밀하다(緻빽빽할 치, 密빽빽할 밀) 자세하고 꼼꼼하다. ❹ 봉쇄(封봉할 봉, 鎖잠글 쇄) 굳게 막아 버리거나 잠금.

커다란 투석기도 만들었지. 또 몽골의 자랑인 말을 타고 싸우는 기병 대신, 강 위에 배를 띄우고 남송의 배와 맞서 싸우기도 했지. 원나라의 공격을 받은 남송은 크게 당황했어.

"몽골 놈들이 달라졌구나. 이젠 막을 수 없는 것인가!"

남송은 무려 6년 동안이나 원나라에 맞서 ⑥항전했어. 하지만 원나라가 치밀하게 준비해 온 전략을 이겨낼 수는 없었지. 결국 쿠빌라이의 원나라는 남송을 무너뜨렸고, 중국을 지배하게 되었어. 중국 역사상 중국 밖에서 온 민족이 중국 전체를 점령한 나라는 원나라가 처음이었지.

원나라는 중국에 사는 민족을 크게 네 계급으로 나누어 다스렸어. 가장 수가 적은 몽골족이 가장 지위가 높았고, 가장 수가 많은 남송의 한족들이 가장 지위가 낮았어. 남송의 한족들은 높은 관직에 오를 수도 없고, 잘못을 저지르면 두 배로 벌을 받았지. 지금껏 중국의 주인 노릇을 해 온 한족들이 이렇게 낮은 계급이 된 건 처음 있는 일이었어. 원나라는 이렇게 100년 가까이 중국을 다스렸지.

역사 사전

원나라
(1271년 ~ 1368년)
중국을 정복한 몽골족이 세운 나라야. 약 97년 동안 중국을 다스렸고, 한반도의 고려와 바다 건너 일본 등 이웃 나라를 여러 차례 침략했어.

투석기
(投던질 투, 石돌 석, 器그릇 기) 무거운 돌을 기계로 끌어올려서 던지는 기계야. 옛날에 주로 성벽을 무너뜨리는 데 사용했어.

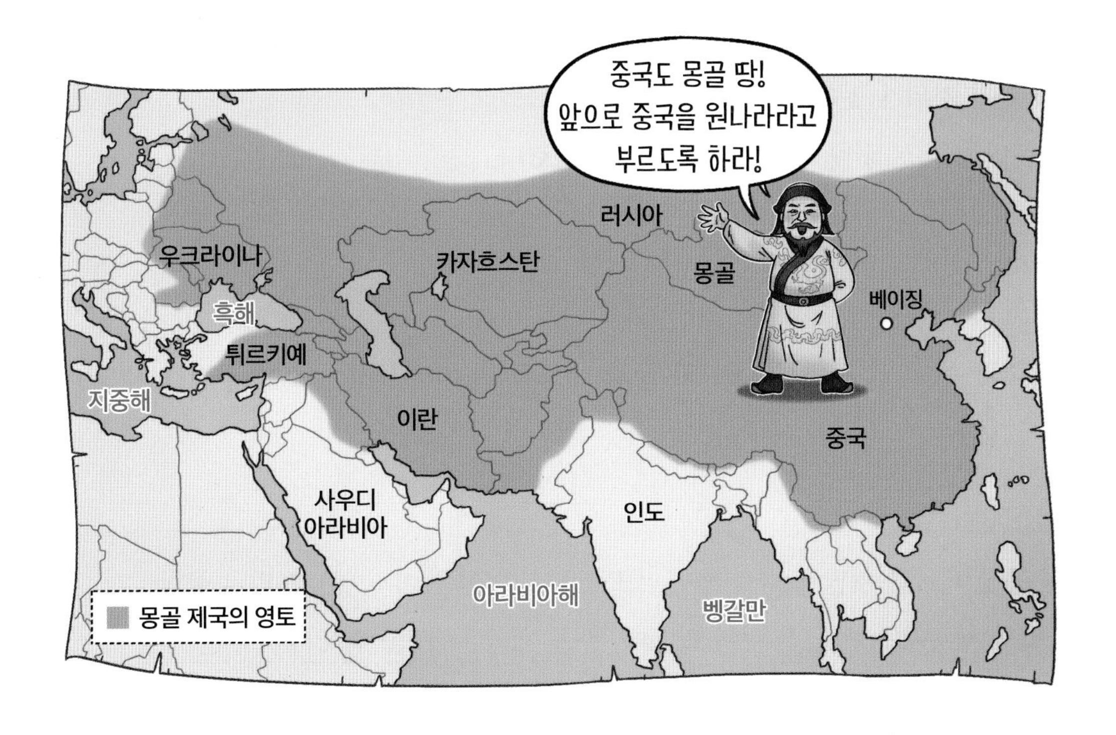

⑤ 공성(攻칠 공, 城성 성) 성이나 요새를 공격함. ⑥ 항전(抗대항할 항, 戰싸울 전) 적에 맞서 싸움.

1 중심 내용

빈칸을 채워 이 글의 중심 내용을 완성해 보세요.

칭기즈 칸의 후손인 [| | |]가 중국을 정복하다.

2 인물 이해

이 글의 쿠빌라이에 대한 설명으로 알맞지 않은 것을 골라 보세요. (   )

① 칭기즈 칸의 손자이다.

② 몽골 부족을 통일했다.

③ 남송을 완전히 멸망시켰다.

④ 원나라의 첫 번째 황제이다.

3 내용 이해

이 글의 원나라에 대한 설명과 일치하면 ○표, 일치하지 않으면 X표 해 보세요.

(1) 몽골족이 세운 나라이다. (   )

(2) 원나라에서 가장 수가 많은 민족은 몽골족이었다. (   )

(3) 원나라에서 가장 지위가 높은 민족은 한족이었다. (   )

(4) 중국에 사는 민족을 크게 네 계급으로 나누어 다스렸다. (   )

4 내용 적용

이 글의 쿠빌라이가 쓴 작전 계획서예요. 이 글의 내용과 일치하지 않는 것을 골라 보세요.

(   )

- 작전명: 남송 무너뜨리기
- 작전 내용: 몽골 제국은 수많은 나라를 무너뜨렸으나, 남송은 아직 무너뜨리지 못함. 그 이유로는 첫째, 남송에는 튼튼한 성이 많은데, 몽골 제국은 ① 물 위에서 싸우는 해군이 많다 보니 성벽을 넘기 어려움. 둘째, ② 남송에는 큰 강이 많아 기병이 싸우기 어려움. 따라서 ③ 성을 꽁꽁 둘러싸고, 투석기를 만들어 돌을 던지는 방법을 써야 함. 강에서는 ④ 몽골 제국의 배를 띄워 남송의 군사를 상대할 예정임.

5 빈칸을 채우며 이 글의 내용을 정리해 보세요.

핵심 정리

칭기즈 칸의 후손 쿠빌라이가 ① [ ][ ] [ ][ ]의 칸이 되었다.

⬇

쿠빌라이는 중국 북부까지 세력을 넓히고 ② [ ][ ][ ]를 세웠다.
그리고 남송을 무너뜨리기 위해 전쟁을 벌였다.

⬇

6년간의 전쟁 끝에 쿠빌라이는 결국 중국 전체를 다스리게 되었다.
중국 밖의 민족이 중국 전체를 지배한 것은 처음이었다.

어휘 학습

6 낱말의 알맞은 뜻을 찾아 선으로 이어 보세요.

어휘 복습

(1) 봉쇄 ● ● ① 적에 맞서 싸움.

(2) 공성 ● ● ② 성이나 요새를 공격함.

(3) 항전 ● ● ③ 굳게 막아 버리거나 잠금.

7 대화를 읽고 빈칸에 알맞은 낱말을 써 보세요.

어휘 적용

영심: 선생님! 어제 양궁 경기 보셨어요? 우리나라가 예선부터 한 번도 지지 않고 결승에 올라갔어요! 결승만 이기면 금메달이에요.

용선생: 이야, [ ][ ][ ][ ]로 결승까지 올라갔구나.

영심: 그게 무슨 뜻이에요, 선생님?

용선생: '대나무를 쪼개는 기세'란 뜻이야. 적을 거침없이 물리치고 쳐들어가는 기세를 가리키는 말이지.

28 마르코 폴로, 신비한 아시아의 이야기를 전하다

마르코 폴로는 어떻게 머나먼 아시아로 향하게 된 걸까? 마르코 폴로의 여행길을 따라가 보자!

교과서 핵심어	★마르코 폴로	★원나라	★동방견문록

마르코 폴로
(1254년 ~ 1324년)

이탈리아의 상인이야. 아버지를 따라 아시아 곳곳을 여행했지. 마르코 폴로의 아시아 여행 이야기는 《동방견문록》이라는 책으로 만들어졌어.

이탈리아에 마르코 폴로라는 소년이 있었어. 마르코 폴로의 아버지는 온 세상을 여행하는 상인이었지. 마르코 폴로가 태어나기 몇 달 전, 마르코 폴로의 아버지는 삼촌과 함께 멀리 아시아로 여행을 떠났어. 마르코 폴로는 아버지의 여행 이야기를 전해 들으며 꿈을 키웠지.

"마르코, 아버지가 원나라의 황제를 ❶알현했다는구나. 이곳 이야기를 들려드렸더니 매우 재밌어 하셨대. 곧 황제가 교황께 보내는 편지를 가지고 돌아오신다지 뭐니."

"정말요? 저도 다음에는 아버지와 함께 떠날래요."

마르코 폴로가 열다섯 살이 되던 해, 아버지와 삼촌이 마침내 돌아왔어. 아버지와 삼촌은 어느새 몰라보게 자란 마르코 폴로를 보면서 크게 기뻐했지.

"중국의 원나라 황제는 훌륭한 분이란다. 능력 있는 사람이라면 누구든 곁에 두고 믿음을 주는 분이지. 분명히 너를 좋아하실 거야. 다음 여행에는 너도 함께 가자꾸나."

얼마 뒤, 마르코 폴로는 아버지와 함께 아시아 여행에 나섰어. 여행길은 몹시 ❷다사다난했어. 처음에는 걸어도 걸어도 끝없는 사막이 이어졌지. 간신히 사막을 건너자 높은 산이 나타났어. 마르코 폴로는 물 한 방울 마시지 못하고 ❸갈증에 시달리며 몇 시간씩 걸어야 했고, 거센 바람에 덜덜 떨다가 병에 걸려 끙끙 앓기도 했지.

오랜 여행 끝에, 마르코 폴로는 마침내 원나라 황제의 궁궐에 도착했어.

"와! 이렇게 으리으리한 궁궐은 처음 봐!"

마르코 폴로는 좀처럼 입을 다물 수가 없었어. 황제는 어린 마르코 폴로를 앞

---

❶ 알현(謁뵐 알, 見나타날 현) 지위가 높고 귀한 사람을 찾아가 뵘. ❷ 다사다난(多많을 다, 事일 사, 多많을 다, 難어려울 난) 여러 가지 일이 많고 어려움도 많음. ❸ 갈증(渴목마를 갈, 症증세 증) 목이 말라 물을 마시고 싶은 느낌.

에 두고 이런저런 질문을 건넸지. 오랜 대화 끝에 황제는 웃으며 말했어.

"아주 총명한 소년일세! 나의 곁에 머물도록 하라."

마르코 폴로는 원나라 황제의 신하가 되었어. 그리고 드넓은 아시아 곳곳을 종횡무진[4]으로 여행하며 신기한 세상 모습을 수없이 보았지. 세상에 대한 견문[5]을 넓힌 마르코 폴로는 17년이 지난 후에야 고향 이탈리아로 귀환[6]했어.

"마르코 폴로 님! 오늘도 아시아 이야기를 좀 들려주십시오!"

당시 유럽 사람들은 아시아에 대해 자세히 알지 못했어. 그래서 마르코 폴로 주변에는 늘 신기한 아시아 이야기를 들으려는 사람들이 잔뜩 몰려들었지.

마르코 폴로의 여행 이야기는 《동방견문록》이라는 책으로 엮어져 널리 퍼졌어. 유럽 사람들은 《동방견문록》을 읽고 아시아에 대한 환상을 무럭무럭 키웠고, 언젠가 아시아에 가겠다는 꿈을 꾸었지. 이렇게 꿈을 키운 사람들은 먼 훗날, 직접 배를 타고 드넓은 바다를 건너 세계 곳곳으로 향하는 신항로를 개척[7]하기에 이르렀어.

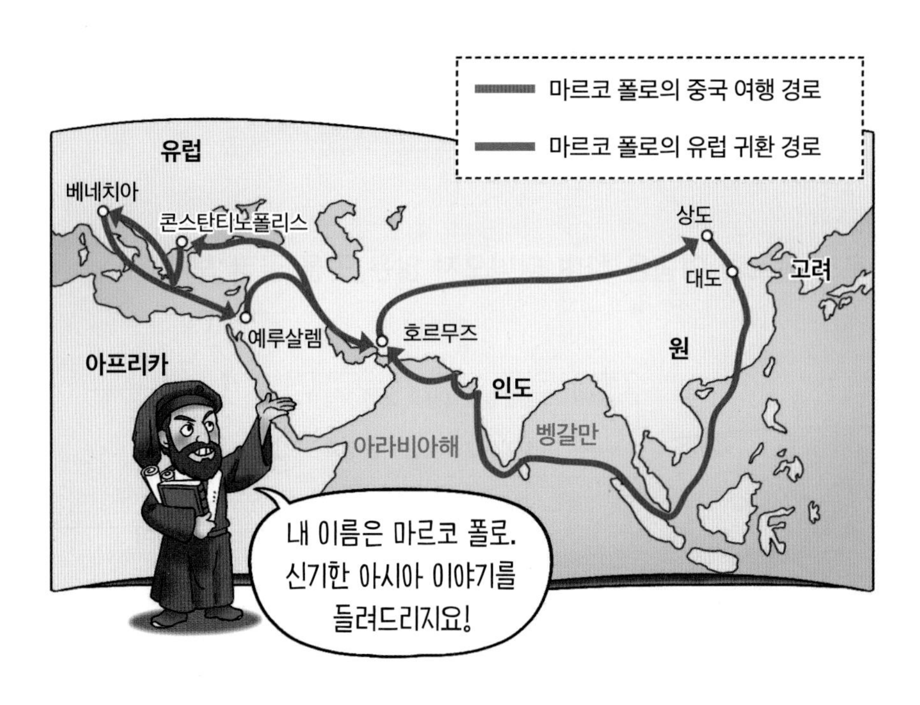

[4] 종횡무진(縱세로 종, 橫가로 횡, 無없을 무, 盡다할 진) 자유자재로 행동하여 거침이 없는 상태. [5] 견문(見볼 견, 聞들을 문) 보고 들은 경험이나 이를 통해 얻은 지식. [6] 귀환(歸돌아갈 귀, 還돌아올 환) 다른 곳으로 떠나 있던 사람이 본래 있던 곳으로 돌아오거나 돌아감. [7] 개척(開열 개, 拓주울 척) 새로운 영역이나 운명, 진로를 처음으로 열어 나감.

1 중심 내용

이 글의 중심 내용으로 알맞은 것을 골라 보세요. (　　　)

① 중국 여행을 꿈꾼 마르코 폴로

② 마르코 폴로 아버지의 여행 이야기

③ 끝끝내 이탈리아로 돌아오지 못한 마르코 폴로

④ 아시아를 여행하고 《동방견문록》을 남긴 마르코 폴로

2 인물 이해

이 글의 마르코 폴로에 대한 설명으로 알맞지 <u>않은</u> 것을 골라 보세요. (　　　)

① 이탈리아 사람이다.

② 원나라 황제의 신하가 되었다.

③ 아버지와 함께 유럽을 여행하였다.

④ 유럽 사람들에게 아시아의 이야기를 전했다.

3 내용 적용

이 글의 마르코 폴로가 쓴 기행문이에요. 이 글의 내용과 일치하지 <u>않는</u> 것을 골라 보세요. (　　　)

아시아를 다녀와서

내가 열다섯 살이 되던 해, 아버지와 함께 그토록 꿈꾸던 ① 아시아 여행을 떠났다. 나는 아버지를 따라 ② 원나라의 황제가 사는 궁궐을 들렀다. 궁궐은 입을 다물 수 없을 정도로 으리으리했다. 황제는 ③ 나에게 신하가 되어 곁에 오래 머물 것을 부탁했다. 하지만 나는 ④ 유럽으로 돌아가야 하므로 아쉽지만 황제의 부탁을 거절했다.

4 지도 읽기

다음 지도를 보고 마르코 폴로가 여행을 하며 다녀오지 <u>않은</u> 곳을 골라 보세요. (　　　,　　　)

마르코 폴로의 중국 여행 경로
마르코 폴로의 유럽 귀환 경로
유럽
베네치아
콘스탄티노폴리스
예루살렘
아프리카
호르무즈
아라비아해
인도
벵갈만
원
상도
대도
고려
일본
내 이름은 마르코 폴로. 신기한 아시아 이야기를 들려드리지요!

① 고려

② 일본

③ 인도

④ 원나라

▶ 정답과 풀이 15쪽

5 빈칸을 채우며 이 글의 내용을 정리해 보세요.

핵심 정리

이탈리아 상인이었던 ① ☐☐☐ ☐☐는 약 20년 동안 아시아를 여행했다. 고향으로 돌아온 뒤에는 자신의 여행 이야기를 유럽 사람들에게 들려주었다. 《② ☐☐☐☐☐》은 그가 아시아를 여행하며 보고 들은 이야기가 담긴 책이다. 이 책을 본 유럽 사람들은 아시아에 대한 환상을 키웠다.

어휘 학습

6 낱말의 알맞은 뜻을 찾아 선으로 이어 보세요.

어휘 복습

(1) 알현 •　　　　• ① 여러 가지 일이 많고 어려움도 많음.

(2) 견문 •　　　　• ② 지위가 높고 귀한 사람을 찾아가 뵘.

(3) 다사다난 •　　　　• ③ 보고 들은 경험이나 이를 통해 얻은 지식.

7 빈칸에 들어갈 알맞은 낱말을 보기에서 찾아 문장을 완성해 보세요.

어휘 적용

보기　갈증　종횡무진　귀환　개척

(1) 몽골 사람들은 너른 초원을 ____________ 누비며 땅을 넓혔다.
└ 자유자재로 행동하여 거침이 없는 상태.

(2) 땡볕에서 물 한 모금 마시고 모내기를 하려니 ____________이 난다.
└ 목이 말라 물을 마시고 싶은 느낌.

(3) 왕은 전쟁터로 나간 병사들이 별 탈 없이 ____________하기를 매일 빌었다.
└ 다른 곳으로 떠나 있던 사람이 본래 있던 곳으로 돌아오거나 돌아감.

세상에서 가장 돈이 많았던 왕, 만사 무사

세상에서 가장 돈이 많다는 만사 무사는 왜 메카로 순례 여행을 떠난 걸까?

만사 무사
(? ~1337년)

말리 왕국의 왕이야. 화려한 순례 행렬과 함께 메카로 여행을 다녀와 전설적인 인물이 되었지. 옛 말리 왕국의 말로 '만사'는 왕이라는 뜻이고, 이름은 '무사'야.

교과서 핵심어 | ★만사 무사 ★아프리카 ★말리 왕국

옛날 아프리카 대륙 서쪽에 이슬람교를 믿는 말리 왕국이 있었어. 말리 왕국은 황금이 아주 풍부한 나라였지. 상인들은 '세상 모든 황금이 말리 왕국에서 나온다'고 이야기할 정도였어.

그런데 정작 말리 왕국에 대해 잘 아는 사람은 드물었어.[1] 말리 왕국까지 가려면 험한 바다를 건너거나 끝없는 사하라 사막을 지나야 했기 때문이야. 말리 왕국의 왕이었던 만사 무사는 이게 못마땅했지.

'우리 말리 왕국과, 나 만사 무사의 이름을 세계에 널리 알려야겠어.'

만사 무사는 이슬람교의 성지 메카로 순례[2]를 떠나기로 했어. 왜냐하면 만사 무사는 신앙심이 깊은 이슬람교 신자였거든. 이슬람교의 가르침에 따르면 이슬람교 신자는 일생에 한 번은 메카를 순례해야만 했어.

만사 무사는 신하들에게 아주 화려한 순례 행렬[3]을 준비하라고 명령을 내렸지.

"노예들에게 비단 옷을 입히고 금덩이를 들게 하라. 순례에 함께 하는 신하들도 모두 가장 화려한 옷으로 입어야 한다."

1324년, 만사 무사는 오랜 준비를 마치고 마침내 메카로 가는 순례 여행을 시작했어. 화려한 옷을 입은 수만 명의 시민과 귀족이 앞장섰고, 그 뒤에는 황금을 가득 실은 낙타들이 끝도 없이 뒤따랐지. 행렬의 제일 앞에 선 전령[4]은 황금으로 만든 지팡이를 들었어. 전령은 우렁차게 외쳤지.

"만사 무사 나가신다. 모두 고개를 숙여라!"

만사 무사의 화려한 행렬을 보러 나온 사람들은 모두들 눈이 휘둥그레졌어.

"온통 금으로 치장[5]했군! 눈이 부실 정도인걸!"

주변에 사람이 점점 모여들자, 만사 무사는 신하를 불러서 위엄 있게 말했어.

---

❶ 드물다 어떤 일이 일어나는 일이 잦지 아니하다. ❷ 순례(巡돌 순, 禮예도 례) 종교적인 의미가 있는 곳을 찾아다니며 참배함. ❸ 행렬(行다닐 행, 列벌일 렬) 여럿이 줄지어 감. ❹ 전령(傳전할 전, 令명령 령) 명령을 전하는 사람. ❺ 치장(治다스릴 치, 粧단장할 장) 잘 매만져 곱게 꾸밈.

"알라의 가르침에 따라 가난한 자를 도와야 한다. 지금부터 여기 나온 모든 사람들에게 금덩이를 나눠주도록 하여라."

만사 무사는 구경 나온 시민들에게 금덩이를 나눠주었어. 구걸[6]하던 거지도, 평범한 시민들도 영문[7]도 모른 채 금덩이를 하나씩 받았지. 만사 무사는 이렇게 메카까지 가는 내내 만나는 사람마다 황금을 나눠주었어.

"말리 왕국이라고 들어봤나? 만사 무사라는 왕이 다스리는 곳인데, 황금이 넘쳐난다더군!"

만사 무사의 화려한 여행 이야기에 온 세상이 들썩거렸어.

그런데 만사 무사는 황금을 단순히 낭비[8]하는 데 그쳤던 왕은 아니야.

"황금은 얼마든지 주겠소. 도시에 학교와 사원, 도서관을 짓도록 하시오!"

만사 무사는 자신이 가진 황금을 아낌없이 써서 이름난 학자와 기술자들을 불러 모아 크고 아름다운 도시를 세웠어. 그 덕분에 많은 사람이 말리 왕국으로 몰려들었고, 만사 무사의 이름은 전 세계에 알려졌어. 아마도 만사 무사는 역사상 가장 돈이 많은 왕이었을 거야.

사하라 사막
세계에서 가장 큰 사막이야. 아프리카 북부에 자리 잡고 있지.

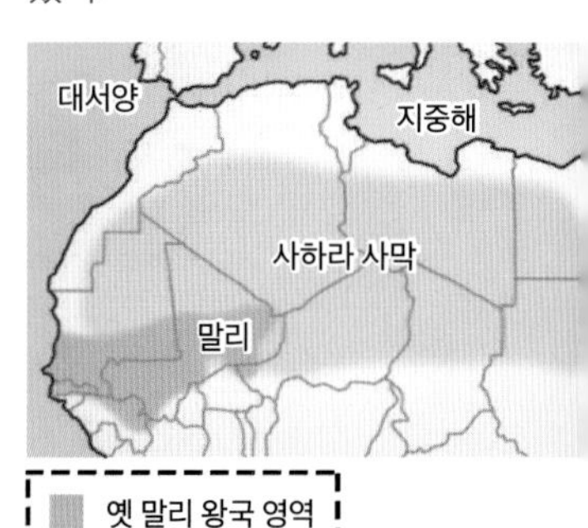

옛 말리 왕국 영역

---

[6] 구걸(求구할 구, 乞빌 걸) 남에게 돈이나 먹을 것, 물건 등을 거저 달라고 비는 것. [7] 영문 일이 돌아가는 형편이나 그 까닭. [8] 낭비(浪물결 낭, 費쓸 비) 시간이나 재물을 헛되이 헤프게 씀.

독해 학습

1 중심 내용

이 글의 중심 내용으로 알맞은 것에 ○표 해 보세요.

① 황금을 낭비한 만사 무사	② 만사 무사의 메카 순례 여행	③ 말리 왕국을 세운 만사 무사
☐	☐	☐

2 인물 이해

이 글의 만사 무사에 대한 설명으로 알맞지 않은 것을 골라 보세요. (　　　)

① 이슬람교를 믿었다.
② 말리 왕국의 왕이었다.
③ 자신의 이름을 알리는 데 관심이 없었다.
④ 이슬람교의 성지 메카로 순례 여행을 떠났다.

3 내용 이해

이 글을 읽고 다음 질문에 대한 대답으로 알맞은 것을 골라 보세요. (　　　)

만사 무사는 왜 황금으로 치장하고 여행을 떠났나요?

① 신에게 황금을 바치기 위해서
② 메카 사람들이 황금을 좋아하기 때문에
③ 말리 왕국과 자신의 이름을 널리 알리기 위해서
④ 전쟁을 벌여 말리 왕국의 영토를 크게 넓히기 위해서

 자료 해석

사진을 보고 대화를 나누었어요. 이 글의 내용과 일치하지 않는 것을 골라 보세요. (　　　)

사진 속 건물은 만사 무사가 말리 왕국에 세웠던 이슬람교 사원입니다. 독특한 아름다움과 역사적 가치를 인정받아 유네스코 세계 문화유산이 되었지요.

① 하다: 말리 왕국은 이슬람교를 믿는 나라였나 봐.
② 선애: 만사 무사는 아름다운 건축물을 세우는 데에도 힘썼구나!
③ 수재: 이렇게 멋진 건축물을 지은 걸 보니 말리 왕국은 부자였을 거야.
④ 영심: 말리 왕국은 유럽 중심부에 있어서 다른 나라의 건축가들이 찾아오기 쉬웠을 거야.

▶ 정답과 풀이 16쪽

5 빈칸을 채우며 이 글의 내용을 정리해 보세요.

핵심 정리

옛날 아프리카 대륙에 있던 ① [ ][ ] [ ][ ]은 황금이 아주 풍부했지만 잘 알려지지 않은 나라기도 했다.

⬇

이 나라의 왕이었던 ② [ ][ ] [ ][ ]는 자신의 나라와 자신의 이름을 세계에 널리 알리기 위해 메카로 가는 순례 여행을 계획했다.

⬇

온통 금으로 치장한 그는 메카로 향하는 길에 만난 사람들에게 금덩이를 나누어주었다. 덕분에 그의 이름은 전 세계에 알려졌다.

어휘 학습

6 낱말의 알맞은 뜻을 찾아 선으로 이어 보세요.

어휘 복습

(1) 순례 •　　　• ① 여럿이 줄지어 감.

(2) 행렬 •　　　• ② 명령을 전하는 사람.

(3) 전령 •　　　• ③ 종교적인 의미가 있는 곳을 찾아다니며 참배함.

7 빈칸에 들어갈 알맞은 낱말을 보기에서 찾아 문장을 완성해 보세요.

어휘 적용

보기	드물다	치장	구걸	영문	낭비

(1) 오늘처럼 도로가 막히지 않는 일은 몹시 ______________.
↳ 어떤 일이 일어나는 일이 잦지 아니하다.

(2) 결혼식을 앞둔 신부가 한껏 아름답게 ______________했다.
↳ 잘 매만져 곱게 꾸밈.

(3) 집에 먹을 것이 떨어지자, 우리들은 당장 ______________이라도 해야 할 판이었다.
↳ 남에게 돈이나 먹을 것, 물건 등을 거저 달라고 비는 것.

프랑스를 구원한 소녀 잔 다르크

평범한 소녀가 어느 날 천사를 만났대! 정말일까? 나도 천사를 만나봤으면 좋겠다!

잔 다르크
(1412년? ~ 1431년)

프랑스의 기사야. 천사의 목소리를 듣고 전쟁터에 나서서 위기에 처한 프랑스를 구해냈어.

교과서 핵심어	★잔 다르크	★프랑스	★영국	★백년 전쟁

1425년, 프랑스와 영국 사이에서는 전쟁이 ❶한창이었어. 영국 왕이 프랑스 왕 자리를 빼앗기 위해 일으킨 전쟁이었지. 1337년부터 시작된 전쟁은 거의 백 년이 다 되어 가는데도 좀처럼 결판이 나지 않았어. 전쟁은 일어난 지 무려 116년이 지나서야 겨우 끝났지. 이 전쟁이 바로 '백년 전쟁'이야.

전쟁은 ❷초반부터 영국에게 무척 유리하게 돌아갔어. 프랑스는 영국에게 계속 밀리다가 국왕이 수도를 버리고 멀리 도망가야 할 정도로 궁지에 몰렸지. 그런데 이때, 프랑스의 잔 다르크라는 소녀 앞에 천사가 나타나 이렇게 말했어.

"잔 다르크, 전쟁에 나가서 프랑스를 구해라."

잔 다르크는 이제 막 열세 살이 된 평범한 시골 소녀였어. 당연히 전쟁터에는 나가 본 적도 없었지. 하지만 신앙심 깊은 소녀였던 잔 다르크는 천사의 명령에 따라 프랑스의 왕을 찾아갔어.

프랑스의 왕은 잔 다르크의 말을 믿을 수 없었어. 그래서 하인을 불러 명령했지.

"네가 내 옷을 입고 왕 ❸행세를 해 봐라. 정말로 천사의 목소리를 들었다면 진짜와 가짜 정도는 구분할 수 있겠지."

왕은 하인과 옷을 바꿔 입고 잔 다르크를 맞이했어. 그런데 잔 다르크는 놀랍게도 왕의 옷을 입은 하인을 보지도 않고, 진짜 왕 앞으로 다가가 무릎을 꿇었어.

"전하, 여기 계셨군요."

왕은 크게 놀랐어. 뒤이어 왕실의 높은 성직자들을 불러 잔 다르크와 대화를 나눠보게 했지. 잔 다르크는 어떤 질문에도 막힘없이 대답했어. 그제서야 왕은 잔 다르크의 ❹신통력을 믿게 됐어. 그래서 왕은 잔 다르크에게 군대를 주고 전쟁

---

❶ **한창** 어떤 일이 가장 활기 있고 왕성하게 일어나는 모양. ❷ **초반**(初처음 초, 盤소반 반) 어떤 일이나 기간, 승부의 첫 단계. ❸ **행세**(行다닐 행, 世대 세) 어떤 당사자인 것처럼 처신하여 행동함. ❹ **신통력**(神귀신 신, 通통할 통, 力힘 력) 무슨 일이든지 해낼 수 있는 신기하고 이상한 힘이나 능력.

터로 내보냈지.

"나는 천사의 계시를 받은 잔 다르크다! 프랑스의 군사들이여, 나를 따르라!"

잔 다르크는 갑옷을 입고 큰 깃발을 든 채, 제일 앞에 서서 용감하게 돌진했어[5]. 그 모습을 본 프랑스의 병사들은 용기를 얻었지.

"하느님께서 프랑스를 지켜주신다!"

결국 전투는 프랑스군의 승리로 끝났어. 이후로도 잔 다르크는 프랑스군을 이끌며 많은 전투에서 승리를 거두었어. 프랑스는 잔 다르크 덕에 위기를 넘겼지.

그런데 뜻밖에도 잔 다르크를 못마땅하게 여기는 사람들이 있었어.

"배운 것 없는 시골 소녀가 갑자기 천사의 선택을 받다니, 말도 안 돼!"

"잔 다르크는 마녀다! 사악한 마법을 쓰는 마녀라서 싸움에서 계속 이기는 거라고!"

사람들은 잔 다르크를 마녀라고 모함[6]했어. 결국 잔 다르크는 마녀로 몰려 체포[7]됐고, 재판에서 화형[8]에 처해졌지. 하지만 잔 다르크는 억울한 죽음을 맞으면서도 프랑스를 위해 기도했어.

"하느님, 저는 떠납니다. 앞으로도 계속 프랑스를 보살펴 주시옵소서!"

잔 다르크는 비록 목숨을 잃었지만, 프랑스는 마침내 영국을 물리치고 승리를 거두었어. 오늘날 잔 다르크는 프랑스를 구한 영웅이자 성인으로 많은 존경을 받고 있지.

---

⑤ 돌진(突갑자기 돌, 進나아갈 진) 세찬 기세로 거침없이 곧장 나아감. ⑥ 모함(謀꾀할 모, 陷빠질 함) 나쁜 꾀로 남을 어려운 처지에 빠지게 함. ⑦ 체포(逮미칠 체, 捕붙잡을 포) 죄를 짓거나 죄를 지었을 것이라고 의심되는 사람을 잡음. ⑧ 화형(火불 화, 刑형벌 형) 사람을 불살라 죽이는 형벌.

1 이 글을 읽고 다음 문장에 들어갈 알맞은 말을 골라 ○표 해 보세요.

중심 내용

잔 다르크는 (**천사** / **악마**)의 계시를 받고 (**영국을** / **프랑스를**) 위기에서 구해냈다.

2 이 글의 잔 다르크에 대한 내용과 일치하면 ○표, 일치하지 않으면 X표 해 보세요.

인물 이해

(1) 하느님을 믿는 크리스트교 신자였다. (   )

(2) 마녀라는 모함을 받고 체포되어 화형을 당했다. (   )

(3) 프랑스군을 지휘하며 많은 전투를 승리로 이끌었다. (   )

(4) 천사에게 전쟁에 나가 영국을 구하라는 말을 들었다. (   )

3 이 글의 백년 전쟁에 대한 설명으로 알맞은 것을 골라 보세요. (   )

내용 이해

① 정확히 백 년 동안 벌어진 전쟁이다.

② 전쟁 초반부터 프랑스가 영국을 밀어붙였다.

③ 영국 왕이 프랑스 왕 자리를 빼앗기 위해 일으킨 전쟁이다.

④ 프랑스 왕은 영국에 맞서 싸우며 끝까지 수도를 지켜내었다.

4 이 글을 연극으로 만들었어요. 빈칸에 들어갈 대사로 알맞은 것을 골라 보세요. (   )

내용 적용

(작은 성안, 두 사람이 심각한 표정으로 이야기를 나누고 있다.)
프랑스 왕: (옷을 건네며) 나와 옷을 바꿔 입자. 네가 내 옷을 입고 왕 행세를 하여라.
하인: (당황스러운 듯) 제가요? 전하, 이유를 여쭤도 되겠습니까?
프랑스 왕: ________________________________

① 잔 다르크를 만나기 싫기 때문이다.

② 잔 다르크에게 장난을 치고 싶기 때문이다.

③ 잔 다르크가 옷을 바꿔 입고 있으라고 요청했기 때문이다.

④ 잔 다르크가 천사의 말을 들은 게 맞는지 확인해야 하기 때문이다.

▶ 정답과 풀이 16쪽

5 빈칸을 채우며 이 글의 내용을 정리해 보세요.

핵심 정리

1425년, 프랑스와 영국 사이에 전쟁이 한창이었다. 프랑스가 궁지에 몰렸을 때, 천사의 계시를 들었다는 소녀 ① [ ] [ ][ ][ ]가 나타났다.

⬇

프랑스 왕의 인정을 받은 그녀는 기사와 군대를 이끌고 영국과의 전쟁에 나섰다. 그녀의 활약으로 ② [ ][ ][ ]는 영국과의 전쟁에서 승리했다.

⬇

하지만, 그녀는 평범한 시골 소녀인 자신을 못마땅하게 여기는 사람들에게 마녀로 몰려 억울한 죽음을 당하였다.

어휘 학습

6 낱말의 알맞은 뜻을 찾아 선으로 이어 보세요.

어휘 복습

(1) 행세 • • ① 사람을 불살라 죽이는 형벌.

(2) 화형 • • ② 어떤 당사자인 것처럼 처신하여 행동함.

(3) 신통력 • • ③ 무슨 일이든지 해낼 수 있는 신기하고 이상한 힘이나 능력.

7 빈칸에 들어갈 알맞은 낱말을 보기에서 찾아 문장을 완성해 보세요.

어휘 적용

보기 한창 초반 돌진 모함 체포

(1) 경찰이 도망치는 범인을 __________했다.
↳ 죄를 짓거나 죄를 지었을 것이라고 의심되는 사람을 잡음.

(2) 요즘 농촌에서는 모내기가 __________이다.
↳ 어떤 일이 가장 활기 있고 왕성하게 일어나는 모양.

(3) 병사가 커다란 깃발을 휘두르며 적을 향해 거세게 __________했다.
↳ 세찬 기세로 거침없이 곧장 나아감.

▶ 정답 18쪽

가로세로 핵심어 찾기!

가로세로 열쇠 힌트를 읽고, 알맞은 핵심어를 넣어 가로세로 역사 퍼즐을 완성해 보세요.

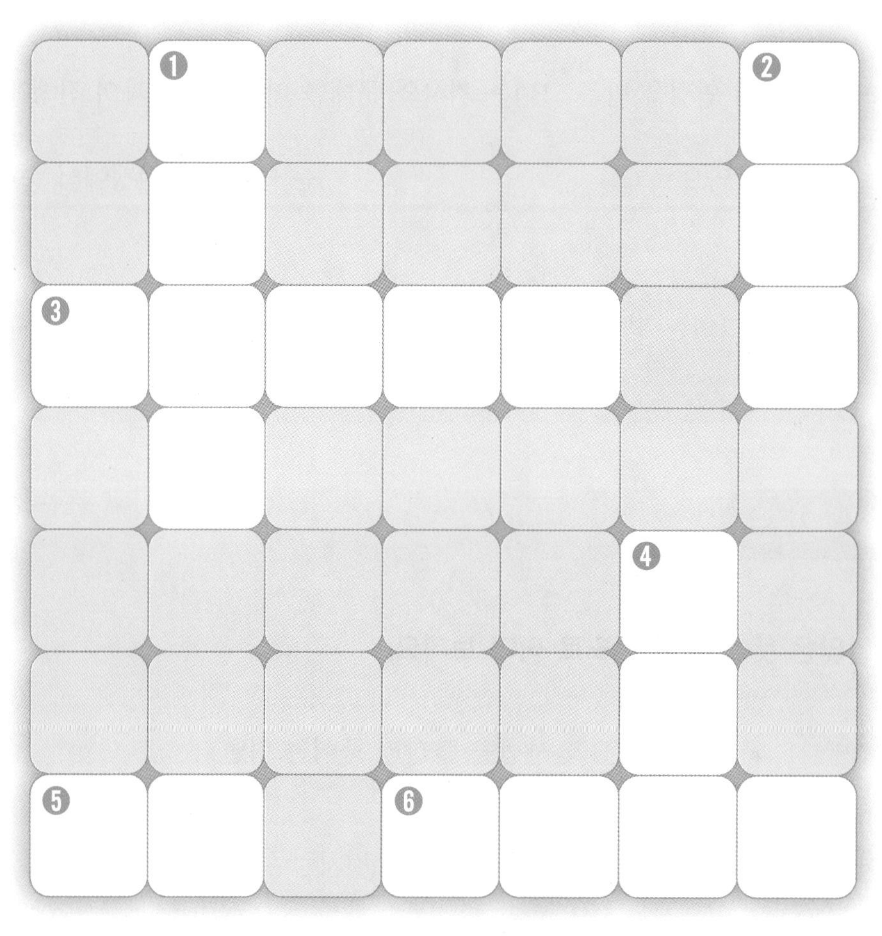

가로 열쇠

③ 이탈리아의 상인이야. 아버지를 따라 아시아 곳곳을 여행한 뒤 《동방견문록》이란 여행기를 남겼어.

⑤ 말리 왕국의 왕인 ○○ 무사는 순례 여행을 떠나며 만나는 사람마다 황금을 나누어 주었어.

⑥ 몽골 제국의 칸인 ○○○○는 남송을 정복하고 중국을 완전히 손에 넣었어.

세로 열쇠

① 평범한 시골 소녀였던 ○ ○○○는 어느 날 천사를 만난 뒤 전쟁에 나서서 프랑스를 승리로 이끌었어.

② ○○○ 칸은 여러 부족으로 흩어져 있던 몽골족을 하나로 통일했어.

④ 몽골 제국이 세운 나라로 중국 전체를 지배했어.

찾아보기

- 어휘 뜻풀이는 국립국어원 표준국어대사전과 한국어기초사전을 참고하여 작성하였습니다.

메모장

얘들아! 다음 권
세계사 독해도 궁금하지?
어서 가 볼까?

15분 집중의 힘
1등 하는 공부 습관

용선생 15분 세계사 독해

정답과 풀이

중세 편

초등 독해력을 키우는
세계사 인물 이야기 120!

사회평론

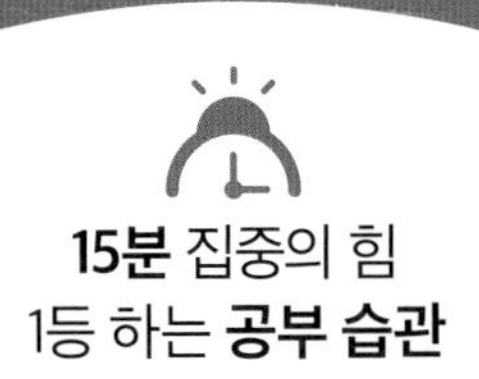

15분 집중의 힘
1등 하는 공부 습관

용선생 15분 세계사 독해

정답과 풀이

2권

중세 편

사회평론

1주

01 유비, 세 번의 정성 끝에 제갈량을 얻다

본문 10~13쪽

독해 학습

1 ② 2 (1) ③, ④ (2) ①, ②
3 (1) ○ (2) ○ (3) X (4) X 4 ②
5 ① 삼고초려 ② 유비 ③ 제갈량

어휘 학습

6 (1) ① (2) ② (3) ③
7 (1) 옥신각신 (2) 하인 (3) 인품

독해 학습

1 이 글은 고사성어 삼고초려에 얽힌 이야기를 다루고 있습니다. 유비는 제갈량을 얻기 위해 세 번이나 제갈량의 집을 직접 찾았습니다. 유비의 정성에 감동한 제갈량은 마침내 유비를 따르게 되었습니다.

2 (1) 유비는 인품이 훌륭하고 백성을 사랑하는 사람으로 이름이 높았으며, 인재를 얻기 위해 세 번이나 같은 곳을 찾았습니다.
(2) 제갈량은 시골에 살던 젊은 선비로, 뛰어난 식견을 가진 인재로 이름 높았습니다.

3 (3) 장비는 제갈량의 집을 불태우겠다며 화를 냈지만, 행동으로 옮기지는 않았습니다.
(4) 제갈량은 유비가 자신을 기다렸다는 사실을 알게 되자, 왜 잠을 깨우지 않았냐며 하인을 꾸짖었습니다.

4 이 글에서 하인은 제갈량의 집을 찾은 유비 일행을 공손한 자세로 반갑게 맞이하였습니다.

5 고사성어 ① 삼고초려는 ② 유비가 뛰어난 선비로 소문난 ③ 제갈량의 집을 세 번이나 방문한 것에서 유래했습니다. 삼고초려는 뛰어난 인재를 얻기 위해서는 참을성 있게 정성을 다해야 한다는 뜻입니다.

02 욕심으로 나라를 무너뜨린 수 양제

본문 14~17쪽

독해 학습

1 ①, ④ 2 ④
3 (1) X (2) ○ (3) ○ (4) ○ 4 ①
5 ① 수 양제 ② 대운하 ③ 고구려

어휘 학습

6 (1) ③ (2) ② (3) ①
7 (1) 원정 (2) 거만 (3) 고분고분

독해 학습

1 수 양제는 대운하를 짓고 고구려를 공격하는 등 무리한 통치를 펼친 끝에 수나라를 무너뜨렸습니다.

2 수 양제는 사람들의 불만은 아랑곳하지 않고 중국 곳곳을 여행하며 백성들의 식량을 빼앗아 잔치를 열었습니다.

3 (1) 고구려는 다른 나라와 달리 수나라에 조공을 바치지 않고, 수나라의 말을 잘 듣지 않았습니다. 따라서 고구려는 수나라와 사이가 좋지 않았습니다.

4 대운하는 전 세계가 아닌 중국의 남과 북을 오가기 위해 건설되었습니다.

5 ① 수 양제는 수나라의 두 번째 황제로, 백성을 강제로 동원해 중국의 남북을 잇는 ② 대운하를 건설하였습니다. 또한, 사치스러운 생활을 즐기며 백성을 괴롭혔고, 사이가 좋지 않았던 ③ 고구려를 공격해 전쟁을 일으켰습니다. 하지만 수나라는 고구려와의 전쟁에서 크게 졌습니다. 결국 참다못한 백성은 반란을 일으켰고, 수 양제는 반란군에게 붙잡혀 목숨을 잃었습니다.

03 당 태종, 형제를 죽이고 황제가 되다

본문 18~21쪽

독해 학습

1 ② 2 ①, ②
3 ③ 4 ①
5 ① 당나라 ② 당 태종

어휘 학습

6 (1) ① (2) ② (3) ③ 7 (1) ② (2) ① (3) ③

독해 학습

1 이 글은 당 태종에 관한 이야기입니다. 이세민은 아버지 이연을 도와 당나라를 세웠고, 훗날 당나라 황제 당 태종이 되어 나라를 다스렸습니다.

2 당 태종은 이연의 둘째 아들로, 나라를 아주 잘 다스린 성군으로 손꼽힙니다.

오답 피하기

③ 당 태종은 자신을 견제하는 형제들을 죽이고 황제가 되었습니다.

3 유럽의 선교사들은 크리스트교를 퍼뜨리기 위해 당나라를 찾았습니다.

4 당 태종은 아버지의 뒤를 이어 당나라의 두 번째 황제가 되었습니다.

5 이세민은 아버지를 도와 ① 당나라를 세웠습니다. 하지만 형제들이 자신을 죽이려고 한다는 사실을 알게 되자, 오히려 자신이 형제들을 죽이고 당나라의 두 번째 황제 ② 당 태종이 되었습니다. 당 태종은 나라를 아주 잘 다스려 중국 황제 중 손꼽히는 성군으로 오늘날까지도 존경받고 있습니다.

어휘 학습

7 (1) 이 문장에서 '조정'은 세대 간의 갈등 사이에 끼어서 서로 화해하게 하거나 다툼을 그치게 하기 어렵다는 뜻으로 쓰였습니다.
(2) 이 문장에서 '조정'은 옛날 임금이 신하들과 나라의 정치를 의논하는 곳이라는 뜻으로 쓰였습니다.
(3) 이 문장에서 '조정'은 조금 늦을 것 같은 상황이니 약속 시간을 다시 맞게 바로잡아 정리하자는 뜻으로 쓰였습니다.

04 현장 스님, 불경을 찾아 인도로 떠나다

본문 22~25쪽

독해 학습

1 ④ 2 ①, ③
3 (1) ○ (2) X (3) ○ (4) X 4 ④
5 ① 현장 스님 ② 인도

어휘 학습

6 (1) ① (2) ③ (3) ②
7 (1) 주야장천 (2) 산전수전

독해 학습

1 이 글은 불경을 구하러 떠난 현장 스님을 다루었습니다. 현장 스님은 불경을 찾아 인도로 먼 길을 떠났습니다.

2 현장 스님은 당나라 스님으로, 당나라의 불교 발전을 위해 힘썼습니다.

오답 피하기

② 현장 스님은 몰래 국경을 넘어 인도로 유학을 떠났습니다.
④ 현장 스님은 20년 가까이 인도에 머물며 불경을 공부하다 당나라로 돌아왔습니다.

3 (2) 현장 스님은 불교를 믿는 당나라 관리들의 도움으로 국경을 넘어 인도로 향할 수 있었습니다.
(4) 당나라에 불경이 무척 부족했기 때문에, 현장 스님은 인도에 가서 불경을 구해 오려고 했습니다.

4 현장 스님은 인도 사람들에게 당나라의 불경을 번역해 소개하지 않았습니다. 반대로 현장 스님은 인도에서 구한 불경을 공부하고 번역하였습니다.

5 당나라의 ① 현장 스님은 부처님의 말씀을 담은 불경을 구하기 위해 직접 ② 인도로 떠났습니다. 인도에서 공부를 끝마친 현장 스님은 당나라로 돌아왔고, 자신의 여행 이야기를 사람들에게 들려주었습니다. 그 결과, 당나라 사람들은 나라 밖 세상에 대해 더욱 잘 알게 되었습니다.

2주

05 측천무후, 중국 최초로 여자 황제가 되다

본문 26~29쪽

독해 학습

1 ①, ④
2 (1) ○ (2) X (3) ○ (4) X
3 ④
4 ③
5 ① 측천무후 ② 황제

어휘 학습

6 (1) ① (2) ② (3) ③
7 (1) 비리 (2) 허약 (3) 오해

독해 학습

1 측천무후는 황제였던 아들을 대신하여 중국 최초의 여자 황제로서 나라를 다스렸습니다.

2 (2) 측천무후는 아들들을 죽이고 황제가 되지 않았습니다. (4) 측천무후의 셋째 아들에 대한 설명입니다. 측천무후의 셋째 아들은 자신의 장인을 재상으로 임명하려다가 황제 자리에서 쫓겨났습니다.

3 측천무후에 대한 설명입니다. 측천무후는 자신에게 반대하는 사람을 살려두지 않는 무서운 사람이었습니다.

4 측천무후의 넷째 아들은 스스로 황제 자리를 어머니 측천무후에게 넘겼습니다. 그 후 측천무후는 중국 역사상 최초의 여자 황제로 등극했습니다.

5 당나라 황후였던 ① 측천무후는 아픈 황제를 대신해 나랏일을 돌볼 정도로 총명한 사람이었습니다. 하지만 제 뜻을 거스르는 사람은 살려두지 않는 무서운 사람이기도 했습니다. 조정을 쥐락펴락하던 측천무후는 아들에게 황제 자리를 넘겨받아 중국 역사상 처음이자 유일한 여자 ② 황제가 되었습니다.

06 고구려의 후예 고선지, 당나라에서 맹활약하다

본문 32~35쪽

독해 학습

1 ②, ③
2 ④
3 (1) X (2) ○ (3) ○ (4) ○
4 ②
5 ① 고선지 ② 토번

어휘 학습

6 (1) ③ (2) ② (3) ①
7 (1) 즐비하다 (2) 험난하다 (3) 아연실색

독해 학습

1 고구려의 후예 고선지는 당나라의 장군으로, 군대를 이끌고 서역에 있는 토번 요새를 빼앗았습니다.

2 고선지는 토번을 물리친 뒤 당나라 황제에게 큰 상을 받았습니다.

3 (1) 고선지가 이끄는 당나라 군대가 토번을 기습하였습니다.

4 고선지는 토번의 감시를 피하고자 사람이 잘 다니지 않는 험한 산길을 택하였습니다.

5 ① 고선지는 고구려의 후예로, 당나라 군대를 지휘하는 장군이었습니다. 고선지는 서역 원정을 떠나 ② 토번의 요새를 빼앗았고, 이후 서역 원정에서 여러 차례 승리를 거두었습니다.

07 송 태조, 칼 대신 붓을 선택하다

본문 36~39쪽

독해 학습

1 ③ 2 ①, ②, ④
3 ③ 4 ④
5 ① 송 태조 ② 문치주의

어휘 학습

6 (1) ③ (2) ① (3) ② 7 (1) ② (2) ① (3) ③

독해 학습

1 송 태조는 문신들에게 나랏일을 맡기는 문치주의로 나라를 다스리려 했습니다.

2 송 태조 조광윤은 송나라의 첫 번째 황제입니다. 원래는 장군이었으나, 부하들에게 떠밀려 송나라를 세우고 황제가 되었습니다. 그 후 문신들에게 군대를 지휘하도록 했습니다.

3 송 태조는 자신이 그랬던 것처럼 군대를 거느린 힘센 장군들이 황제 자리를 빼앗지는 않을까 걱정스러웠습니다. 이를 막기 위해 송 태조는 글공부하는 문신들에게 나라의 중요한 일을 맡겼습니다.

4 송나라의 과거 시험은 문신을 뽑기 위해 치러졌습니다. 그러므로 무술 연습이 아니라 글공부를 해야 했습니다.

5 ① 송 태조 조광윤은 당나라의 멸망으로 생긴 혼란을 잘 수습하고 송나라를 세웠습니다. 또한, 문신들에게 군사와 나랏일을 맡기는 ② 문치주의 정책을 펼쳐 나라를 안정시켰습니다.

어휘 학습

7 (1) 이 문장에서 '그릇'은 그 사람은 대통령을 할 만한 능력을 갖추지 못했다는 뜻으로 쓰였습니다.
(2) 이 문장에서 '그릇'은 식사할 때 음식을 담는 도구라는 뜻으로 쓰였습니다.
(3) 자장면은 음식이므로, 이 문장에서의 '그릇'은 음식을 세는 단위로 쓰였습니다.

08 송 휘종, 값비싼 취미로 나라를 망치다

본문 40~43쪽

독해 학습

1 ④ 2 ②, ③
3 (1) X (2) X (3) X (4) O 4 ①
5 ① 송 휘종 ② 금나라

어휘 학습

6 (1) ③ (2) ② (3) ① 7 ③

독해 학습

1 송 휘종은 취미 생활에 너무 몰두한 나머지 나랏일을 돌보지 않았고, 결국 나라를 망치고 말았습니다.

2 송 휘종은 예술을 무척이나 사랑했기에, 나랏돈을 낭비해 가며 예술품을 모았습니다. 훗날, 금나라의 침입으로 송 휘종은 포로가 되어 금나라로 끌려갔습니다.

오답 피하기

① 송 휘종은 송나라의 황제입니다.
④ 금나라가 송나라를 공격하자, 휘종은 백성과 신하를 모두 버리고 멀리 남쪽으로 도망갔습니다.

3 (1) 금나라가 송나라를 먼저 쳐들어갔습니다.
(2) 송나라 백성들은 오로지 취미 생활에만 매달리는 송 휘종에게 불만이 많았습니다.
(3) 송 휘종은 금나라에 약속한 돈과 땅을 주지 않았습니다.

4 송 휘종은 취미 생활에 몰두한 나머지 나라를 제대로 다스리지 못했습니다.

5 송나라의 여덟 번째 황제 ① 송 휘종은 취미에만 빠져 살았던 탓에 나라를 제대로 돌보지 못했습니다. 이웃 나라 ② 금나라의 침입을 받자, 송나라는 많은 돈과 땅을 금나라에 넘겨주기로 했습니다. 하지만 송 휘종은 이 약속을 지키지 않았습니다. 결국 금나라는 다시 송나라를 공격했고, 송 휘종은 금나라의 포로가 되었습니다.

어휘 학습

7 '본때를 보이다'는 교훈이 되도록 따끔한 맛을 보인다는 뜻입니다. 용선생은 수재에게 무시 당한 하다에게 다시는 너를 무시하지 못하도록 따끔한 맛을 보이라는 뜻에서 본때를 보이라 말한 것입니다.

09 악비, 나라를 구하려다 죽음을 맞이하다

본문 44~47쪽

독해 학습

1 ② 2 ①
3 ③ 4 ③
5 ① 남송 ② 악비

어휘 학습

6 (1) ② (2) ① (3) ③
7 (1) 맹활약 (2) 역적 (3) 아우성

독해 학습

1 이 글은 남송의 명장 악비에 관한 이야기입니다. 남송의 장군 악비는 반대파의 모함을 받아 감옥에 갇혔습니다. 그 후 악비는 사약을 받고 죽음을 맞이하였습니다.

2 악비는 남송의 황제가 되지 않았습니다.

3 남송의 황제는 금나라를 두려워했습니다. 그래서 악비를 반대하는 사람들의 말을 듣고 악비를 감옥에 가두었습니다.

4 악비를 감옥에 가둔 반대파들은 금나라와 화해하고, 금나라를 황제의 나라로 섬기기로 했습니다.

5 ① 남송은 금나라와 계속 전쟁을 벌였습니다. 하지만 금나라의 거센 공격으로 남송은 황제가 몇 번이나 피란을 떠나야 했을 만큼 위태로웠습니다. 이때 남송의 명장 ② 악비가 등장해 군대를 이끌고 금나라를 연이어 꺾었습니다. 악비는 기세를 몰아 금나라를 공격하자고 목소리를 높였습니다. 하지만 악비는 자신을 못마땅하게 여기던 반대파의 모함으로 목숨을 잃었습니다. 오늘날 많은 중국인은 악비를 영웅으로 생각합니다.

10 무사들이 일본의 권력을 잡다

본문 48~51쪽

독해 학습

1 천황, 무사 2 (1) 평민, 무사 (2) 쇼군, 천황
3 ① 4 ④
5 ① 막부 ② 쇼군 ③ 천황

어휘 학습

6 (1) ② (2) ③ (3) ① 7 (1) 취급 (2) 불공정

독해 학습

1 일본은 원래 천황이 다스리는 나라였습니다. 하지만 힘센 무사 가문이 권력을 장악한 뒤 '막부'를 세웠고, 이후 일본은 무사들이 다스리는 나라가 되었습니다.

2 (1) 다이라 가문과 미나모토 가문은 이름난 무사 가문이었습니다.
(2) 힘을 잃은 천황은 직접 나라를 다스리지 않고 일본을 상징하는 역할만 맡게 되었습니다.

3 미나모토 가문이 다이라 가문을 몰아내고 막부를 세웠습니다.

4 무사가 일본을 다스리게 되면서 천황은 허수아비 신세가 되었습니다. 천황은 막강한 군대를 가진 쇼군에게 꼼짝도 할 수 없었기 때문입니다.

5 일본의 두 무사 가문이었던 다이라 가문과 미나모토 가문은 권력을 두고 치열한 다툼을 벌였습니다. 다툼 끝에 미나모토 가문이 다이라 가문을 제압하고 승리를 거두었습니다. 권력을 쥐게 된 미나모토 가문은 무사들이 다스리는 정부 ① 막부를 세웠습니다. 막부의 총대장은 ② 쇼군이라 불렸고, 일본을 다스렸습니다. ③ 천황은 일본을 상징하는 역할만 맡게 되었습니다.

11 무함마드, 이슬람교를 만들다

본문 54~57쪽

독해 학습

1 ① 2 ①, ②, ④
3 (1) ○ (2) X (3) X (4) ○ 4 ①
5 ① 이슬람교 ② 무함마드

어휘 학습

6 (1) ③ (2) ② (3) ① 7 (1) ① (2) ②

독해 학습

1 이 글은 이슬람교를 만든 무함마드에 관한 이야기입니다. 아라비아반도의 상인이었던 무함마드는 어느 날 신의 계시를 받고 이슬람교를 만들었습니다.

2 아랍인 상인이었던 무함마드는 동굴에서 명상하다 신의 계시를 받고 이슬람교를 세웠습니다.

오답 피하기

③ 무함마드는 계시를 받은 뒤 사람들에게 알라의 가르침을 전하려 했습니다.

3 (2) 이슬람교는 세상에 하나뿐인 신이라고 여겨지는 알라를 섬기는 종교입니다.
(3) 이슬람교를 만든 무함마드는 이슬람교에서 최고의 성인으로 떠받들어지고 있습니다.

4 쿠란은 알라의 가르침을 정리한 이슬람교 경전입니다.

5 ① 이슬람교는 아랍인 ② 무함마드가 세운 종교입니다. 이슬람교는 무함마드를 최고 성인으로 받들고, 알라를 이 세상 단 하나뿐인 신으로 여기고 섬깁니다. 또한, 이슬람교는 크리스트교, 불교와 함께 오늘날 세계 3대 종교로 일컬어집니다.

어휘 학습

7 (1) 이 문장에서 '성인'은 자라서 어른이 된 사람을 뜻합니다.
(2) 이 문장에서 '성인'은 매우 뛰어나 길이 우러러 본받을 만한 사람을 뜻합니다.

12 알리의 죽음, 이슬람교를 둘로 나누다

본문 58~61쪽

독해 학습

1 칼리프 2 ③, ④
3 ④ 4 ②
5 ① 이슬람교 ② 알리

어휘 학습

6 (1) ② (2) ③ (3) ① 7 (1) ② (2) ①

독해 학습

1 이슬람의 분열에 대한 글입니다. 이슬람교는 칼리프 계승 문제를 두고 갈등을 빚다 끝내 둘로 갈라졌습니다.

2 알리는 자신을 반대하는 세력과 화해하려고 했습니다. 이는 자신을 지지하는 세력에게 반발을 샀고, 결국 알리는 이들에게 죽임을 당했습니다.

오답 피하기

① 알리는 무함마드의 사촌이었습니다.
② 알리는 이슬람교의 칼리프가 되었습니다.

3 알리 대신 칼리프가 된 사람이 자신의 이익만 챙기고 세금을 많이 거두자, 알리를 지지하던 사람들의 불만이 폭발했습니다. 결국, 이들은 욕심 많은 칼리프를 죽이고 알리를 새로운 칼리프로 뽑았습니다.

4 알리가 암살된 후 이슬람교는 수니파와 시아파로 갈라졌습니다.

5 ① 이슬람교는 알리의 죽음과 칼리프 계승 문제를 두고 둘로 갈라졌습니다. 시아파는 ② 알리의 후손이 칼리프 자리를 넘겨받아야 한다고 생각했고, 수니파는 가장 능력 있는 사람이 칼리프가 되어야 한다고 생각했습니다.

어휘 학습

7 (1) 제안은 정책이나 의견을 내민다는 뜻입니다. 그러므로 이 문장에서 '지지'는 어떤 사람이나 정책, 의견 등에 찬성해 이를 위하여 힘을 쓴다는 뜻입니다.
(2) 이 문장에서 '지지'는 허리를 받치거나 버틸 수 있는 수 있는 의자를 써야 한다는 것을 뜻합니다.

13 세계 곳곳을 누빈 아라비아 상인

본문 62~65쪽

독해 학습

1 ④ 2 ③

3 ③, ④ 4 ②

5 아라비아 상인

어휘 학습

6 (1) ② (2) ③ (3) ①

7 (1) 초조 (2) 난파 (3) 방방곡곡

독해 학습

1 세계를 누볐던 아라비아 상인에 대한 글입니다. 아라비아 상인은 전 세계를 누비며 교역을 벌였고, 이 과정에서 다양한 문화를 세계 곳곳에 전파했습니다.

2 아라비아 숫자는 인도 사람들이 만들었고, 아라비아 상인이 전 세계로 퍼뜨렸습니다.

3 아라비아 상인들은 세계 방방곡곡을 다니며 이슬람교를 널리 퍼뜨렸습니다. 또한, 고려 시대 때 한반도를 드나든 아라비아 상인 덕분에 우리나라는 '코리아'라는 이름으로 외국에 알려지게 되었습니다.

4 아라비아 상인은 바다의 무역로를 통해 베트남을 포함한 동남아시아와 활발히 교류했습니다.

5 아라비아 상인은 바다와 사막에 뻗은 무역로를 통해 세계 방방곡곡을 다녔습니다. 그 결과 세계 많은 사람이 다양한 문화와 문물을 새롭게 접할 수 있었습니다.

14 유스티니아누스, 로마 제국의 부활을 꿈꾸다

본문 66~69쪽

독해 학습

1 ① 2 ④

3 (1) ○ (2) X (3) ○ (4) X 4 ④

5 ① 비잔티움 ② 유스티니아누스

어휘 학습

6 (1) ① (2) ③ (3) ② 7 (1) 진압 (2) 침략

독해 학습

1 비잔티움 제국의 황제 유스티니아누스는 로마 제국 서쪽을 차지한 이민족과 전쟁을 벌여 옛 로마 제국의 영토를 되찾았습니다.

2 유스티니아누스 황제는 약 20년에 걸쳐 옛 로마 제국 영토를 거의 되찾았습니다.

3 (2) 비잔티움 제국은 긴 전쟁으로 나랏돈이 바닥나고 군사력이 약해지기는 하였으나, 천 년 동안 역사를 이어갔습니다.
(4) 비잔티움 제국은 페르시아와 협상을 맺었으나, 서로 힘을 합쳐 로마 제국을 부활시키려 하지는 않았습니다.

4 유스티니아누스가 군대를 출동시킨 곳은 페르시아가 아니라, 로마 제국의 서쪽 땅이었습니다. 유스티니아누스는 옛 로마 제국을 부활시키기 위해 군대를 서쪽으로 보내 서로마 제국 땅을 장악한 이민족을 쫓아내고 옛 로마 제국의 땅을 되찾았습니다.

5 ① 비잔티움 제국의 황제 유스티니아누스는 옛 로마 제국의 부활을 꿈꾸었습니다. 유스티니아누스는 이민족에게 빼앗긴 로마 제국의 서쪽 영토 대부분을 되찾았습니다. 그 덕분에 유스티니아누스는 '② 유스티니아누스 대제'로 불리며 비잔티움 제국 사람들에게 많은 존경을 받았습니다.

15 크리스트교 세계가 둘로 갈라지다

본문 70~73쪽

독해 학습

1 크리스트교
2 (1) ① (2) ②
3 ③
4 ①
5 ① 성상 파괴령 ② 정교

어휘 학습

6 (1) ② (2) ③ (3) ①
7 (1) 갈등 (2) 형형색색 (3) 예배

독해 학습

1 이 글은 크리스트교가 둘로 갈라진 이야기를 다루었습니다. 크리스트교는 성상 파괴령을 계기로 정교와 가톨릭으로 갈라졌습니다.

2 (1) 비잔티움 제국의 황제는 성상을 만드는 것은 성경의 가르침에 어긋난다고 생각했습니다.
(2) 교황은 글을 읽을 줄 모르는 이민족들을 위해 성상을 만들어 크리스트교를 알려야 한다고 생각했습니다.

3 교황은 이민족에게 크리스트교를 전하기 위해서는 성상이 필요하다고 생각했고, 성상 파괴령에 반대했습니다.

4 교황은 성상을 파괴하라는 비잔티움 황제의 명령을 듣지 않았습니다. 오히려 교회의 일은 교황이 알아서 할 테니 상관하지 말라고 강하게 나섰습니다.

5 교황은 글을 읽지 못하는 이민족에게 크리스트교를 퍼뜨리기 위해 성경의 장면이 담긴 그림을 그리고 예수의 모습을 한 조각상을 만들었습니다. 하지만 비잔티움 황제는 성상이 성경의 가르침에 어긋난다며 성상을 모두 파괴하는 ① 성상 파괴령을 내렸습니다. 성상 파괴령으로 교황과 황제 사이에 극심한 갈등이 일어났고, 결국 크리스트교는 가톨릭과 ② 정교로 갈라지게 되었습니다.

16 카롤루스 마르텔, 이슬람을 막아내다

본문 76~79쪽

독해 학습

1 ④
2 ③
3 (1) X (2) ○ (3) X (4) ○
4 ④
5 ① 프랑크 왕국 ② 마르텔

어휘 학습

6 (1) ① (2) ② (3) ③
7 (1) ① (2) ②

독해 학습

1 프랑크 왕국의 재상 카롤루스 마르텔은 이슬람 세력과 맞서 싸워 승리를 거두었습니다.

2 카롤루스 마르텔은 유럽으로 무서운 속도로 세력을 넓혀 나가는 이슬람 제국을 막기 위해 전쟁을 벌였습니다.

오답 피하기
① 카롤루스 마르텔은 크리스트교를 믿었습니다.
② 카롤루스 마르텔은 프랑크 왕국의 재상이었습니다.
④ '마르텔'은 '망치'를 뜻합니다.

3 (1) 프랑크족은 로마 제국이 믿는 크리스트교를 다른 이민족보다 빠르게 받아들였습니다.
(3) 프랑크 왕국은 유럽에 자리 잡은 나라로, 크리스트교를 믿었습니다.

4 카롤루스 마르텔은 이슬람 제국과 전쟁을 벌여 승리를 거뒀고, 전쟁이 끝난 뒤 '망치'라는 별명을 얻었습니다.

5 ① 프랑크 왕국의 재상이었던 카롤루스는 유럽을 침략한 이슬람 제국과 치열한 전쟁을 벌여 승리를 거두었습니다. 이후 카롤루스는 '망치'라는 뜻의 '② 마르텔'이라는 별명을 얻었습니다. 카롤루스 마르텔은 이슬람의 침략으로부터 크리스트교를 지켜낸 수호자로 역사에 이름을 남겼습니다.

어휘 학습

7 (1) 이 문장에서 '졸이다'는 어머니가 된장찌개를 너무 끓인 나머지 양이 줄어 먹을 수 없을 정도로 짜다는 뜻으로 쓰였습니다.
(2) 이 문장에서 '졸이다'는 혹시 귀신이라도 나올까 속을 태우다시피 초조해하며 밤을 새웠다는 뜻으로 쓰였습니다.

17 카롤루스 대제, 유럽의 아버지가 되다

본문 80~83쪽

독해 학습

1 프랑크 왕국, 교황 **2** ②, ③, ④
3 ④ **4** ④
5 ① 카롤루스 ② 유럽

어휘 학습

6 (1) ③ (2) ① (3) ② **7** (1) 혼란 (2) 존경 (3) 요청

독해 학습

1 프랑크 왕국의 왕이었던 카롤루스는 교황으로부터 유럽의 새로운 황제로 임명받고, 유럽의 아버지로 널리 존경을 받았습니다.

2 카롤루스 대제는 카롤루스 마르텔의 손자로, 할아버지처럼 크리스트교를 지켜내겠다고 맹세했습니다. 또, 그는 교황에게 유럽의 새 황제로 임명받았습니다.

오답 피하기

① 카롤루스 대제는 크리스트교 신자였습니다.

3 이민족으로부터 자신을 지켜달라 요청한 사람은 교황이었습니다. 교황의 요청에 따라 카롤루스 대제는 군대를 보내 이민족을 물리쳤습니다.

4 카롤루스는 로마를 위협하는 이민족을 쳐부수고 교황을 구해냈습니다. 교황은 카롤루스 대제의 활약에 크게 기뻐하며 카롤루스 대제를 황제로 임명했습니다.

5 프랑크 왕국의 왕 ① 카롤루스 대제는 이슬람 세력과 이민족의 침략을 막아 내며 영토를 크게 넓혔습니다. 카롤루스 대제는 로마를 위협하던 이민족을 무찌르고 교황을 구해냈습니다. 교황은 카롤루스 대제를 유럽의 새로운 황제로 삼았고, 이후 유럽은 안정과 평화를 되찾았습니다. 카롤루스 대제는 ② 유럽의 아버지로 널리 떠받들어졌습니다.

18 약탈자 바이킹, 온 유럽을 휩쓸다

본문 84~87쪽

독해 학습

1 ① **2** (1) X (2) ○ (3) ○
3 ③ **4** ④
5 바이킹

어휘 학습

6 (1) ② (2) ③ (3) ① **7** (1) ③ (2) ① (3) ②

독해 학습

1 이 글은 북유럽의 바이킹을 다루었습니다. 바이킹은 배를 타고 유럽을 휩쓸며 약탈을 일삼았습니다.

2 (1) 바이킹의 대장은 프랑스를 공격하였으나, 왕이 되지는 않았습니다.

3 바이킹은 파리의 높은 성벽을 넘지 못한 대신, 성 밖의 마을을 모두 쑥대밭으로 만들었습니다.

4 바이킹은 작고 날쌘 배 덕분에 바다뿐 아니라 강줄기를 따라 내륙 깊숙한 곳까지도 거슬러 갈 수 있었습니다.

5 추운 북유럽 일대에 살던 바이킹은 용맹하고 항해술이 뛰어났습니다. 바이킹은 금은보화를 찾아 유럽 곳곳을 약탈했고, 일부 바이킹은 고향을 떠나 유럽 곳곳에 뿌리를 내렸습니다. 그 결과 오늘날까지 유럽에서 바이킹이 쓰던 말과 북유럽의 신화가 전해지고 있습니다.

어휘 학습

7 (1) 이 문장에서 '손길'은 화가의 손의 움직임으로 금세 아름다운 그림이 완성되었다는 뜻으로 쓰였습니다.
(2) 이 문장에서 '손길'은 수재가 내민 손을 하다가 마주 잡았다는 뜻으로 쓰였습니다.
(3) 이 문장에서 '손길'은 집을 잃은 사람들에게 따뜻한 도움을 주자는 뜻으로 쓰였습니다.

19 윌리엄 1세, 영국의 왕이 되다

본문 88~91쪽

독해 학습

1 ②, ③　　2 ③, ④

3 ①　　4 ③

5 ① 윌리엄 1세 ② 노르망디 ③ 영국

어휘 학습

6 (1) ② (2) ① (3) ③　　7 ③

독해 학습

1 윌리엄 1세가 영국 왕을 물리치고, 영국의 왕이 된 이야기를 다룬 글입니다.

2 윌리엄 1세는 노르망디 공작의 유일한 아들로, 어린 나이에 공작 지위를 물려받았습니다. 하지만 잦은 반란에 시달렸습니다.

오답 피하기

① 윌리엄 1세는 평민 어머니를 두었지만, 어린 나이에 높은 귀족인 공작이 되었습니다.

② 윌리엄 1세는 영국을 정복하고 왕이 되었습니다.

3 영국의 왕이 자식이 없는 상태로 세상을 떠나자, 왕위를 둘러싸고 여러 사람이 다툼을 벌였습니다. 윌리엄 1세는 이를 기회로 여기고 왕 자리를 차지하기 위해 영국을 공격했습니다.

4 윌리엄 1세는 새로 즉위한 영국의 왕과 왕위 쟁탈전을 벌였습니다.

5 ① 윌리엄 1세는 프랑스 노르망디 공작과 평민 여인 사이에서 태어났습니다. 어린 나이에 ② 노르망디 공작이 된 윌리엄 1세는 출신이 천하다는 이유로 비난에 시달렸지만, 꿋꿋이 자리를 지켜냈습니다. 어른이 된 윌리엄 1세는 군대를 이끌고 ③ 영국으로 쳐들어갔습니다. 윌리엄 1세는 전투에서 승리를 거두고 영국의 왕이 되었습니다.

어휘 학습

7 '대대손손'은 아주 오랜 시간 여러 대를 이어서 전해져 내려왔다는 뜻입니다. 이 글의 도자기처럼 오랫동안 어떤 집안에서 전해지거나 역사가 깊은 것을 강조할 때 사용합니다.

20 교황, 황제를 무릎 꿇리다

본문 92~95쪽

독해 학습

1 ①　　2 (1) X (2) O (3) X (4) X

3 ②　　4 카노사의 굴욕

5 ① 교황 ② 황제

어휘 학습

6 (1) ③ (2) ① (3) ②

7 (1) 엄동설한 (2) 흥청망청

독해 학습

1 이 글은 카노사의 굴욕에 대해 다루고 있습니다. 카노사의 굴욕은 교황의 권위에 황제가 무릎을 꿇은 사건입니다.

2 (1) 카노사는 하인리히 4세가 용서를 빌러 가던 당시, 교황이 머무르던 장소였습니다.

(3) 무릎을 꿇은 사람은 교황 그레고리우스 7세가 아닌 황제 하인리히 4세였습니다.

(4) 하인리히 4세는 독일의 황제로, 교황에게 용서를 빌었습니다.

3 파문은 누군가를 교회에서 완전히 쫓아내겠다는 선언입니다. 그러므로, 하인리히 4세를 파문하겠다는 말은 하인리히 4세를 교회에서 쫓아내겠다는 뜻입니다.

4 독일 황제 하인리히 4세가 교황 그레고리우스 7세에게 무릎을 꿇은 사건을 '카노사의 굴욕'이라고 합니다.

5 옛날 유럽에서는 국왕이 나라의 성직자를 임명했습니다. 이때 새로 ① 교황이 된 그레고리우스 7세가 앞으로 성직자는 교황이 직접 임명하겠다고 말했습니다. 하지만 독일 ② 황제 하인리히 4세는 교황의 말을 무시했고, 결국 파문을 당했습니다. 하인리히 4세는 교황에게 잘못을 빌며 무릎을 꿇었습니다. 이 사건이 바로 '카노사의 굴욕'입니다. 이후 교황의 권위는 더욱 높아졌습니다.

21 농노 소년 미하엘의 어느 가을날

본문 98~101쪽

독해 학습

1 ③ 2 (1) X (2) X (3) ○ (4) ○

3 농노 4 ④

5 ① 장원 ② 영주

어휘 학습

6 (1) ③ (2) ① (3) ② 7 (1) 태산 (2) 고귀 (3) 채비

독해 학습

1 옛날 유럽 사람들은 신분에 따라 완전히 다른 삶을 살았습니다. 사람들은 이 신분에서 벗어날 수 없었고, 자손들 역시 같은 신분으로 살아야 했습니다.

2 (1) 옛 유럽 사람들은 원래 신분에서 평생 벗어날 수 없었습니다. 따라서 농노였던 미하엘은 기사가 될 수 없었고, 장원을 가질 수도 없었습니다.
(2) 미하엘은 농노였기 때문에 다른 직업을 가질 수 없었습니다.

3 당시 유럽의 농민은 노예처럼 쇠사슬에 묶여 강제로 일을 하지는 않았습니다. 하지만 직업과 이사의 자유가 없는, 반쯤은 노예나 다름없는 신세였습니다. 이 때문에 유럽 농민들을 농노라 불렀습니다.

4 이 글의 미하엘은 기사가 아닌 농노였습니다.

5 미하엘은 영주가 거느린 ① 장원에 사는 농노였습니다. 농노는 옛 유럽의 농민을 가리키는 말로, 농노는 영주의 허락 없이 이사할 수 없고, 다른 직업도 가질 수 없었습니다. ② 영주는 국왕에게 충성을 바치는 대가로 장원을 받았는데, 마치 하나의 나라인 것처럼 직접 다스릴 수 있었습니다.

22 십자군 기사들, 성지 예루살렘으로 향하다

본문 102~105쪽

독해 학습

1 ④ 2 ③

3 ② 4 ②→①→③→④

5 ① 십자군 전쟁 ② 예루살렘

어휘 학습

6 (1) ① (2) ② (3) ③ 7 (1) ② (2) ①

독해 학습

1 이 글은 십자군 기사들이 예루살렘을 되찾기 위해 십자군 전쟁을 일으키는 내용을 다루고 있습니다.

2 십자군이 되찾으려던 예루살렘은 크리스트교와 이슬람교 모두의 성지였습니다.

오답 피하기

① 십자군 전쟁은 200년 가까이 벌어졌습니다.
② 농민들도 낫과 쇠갈퀴를 들고 십자군에 합류했습니다.
④ 십자군은 예루살렘으로 향하는 내내 이슬람교를 믿는 마을을 수없이 약탈하고 많은 사람을 죽였습니다.

3 예루살렘은 십자군과 이슬람군 모두에게 중요한 성지였습니다. 그래서 양쪽 모두 예루살렘을 양보하지 않았습니다.

4 ② 예루살렘은 크리스트교 신자의 성지였으나, 이슬람 제국의 지배 아래 놓이게 되었습니다. ① 교황은 크리스트교 신자들에게 예루살렘을 되찾자고 선언했습니다. ③ 이에 많은 크리스트교 신자가 옷에 십자가를 새기고 전쟁에 나섰습니다. ④ 이들 십자군은 예루살렘을 되찾고 크리스트교 왕국을 세웠습니다.

5 ① 십자군 전쟁은 성지 ② 예루살렘을 둘러싸고 크리스트교와 이슬람교 사이에 일어난 전쟁입니다. 십자군은 1099년, 마침내 예루살렘을 정복하게 되었습니다. 하지만 전쟁은 이후로도 200년 가까이 이어졌습니다.

어휘 학습

7 (1) 이 문장에서 '눈멀다'는 도박에 마음을 빼앗겨 이성을 잃었다는 뜻으로 쓰였습니다.
(2) 여기서 '눈멀다'는 눈이 나빠져 아무것도 보이지 않는다는 뜻으로 쓰였습니다.

23 살라딘, 십자군을 물리치다

본문 106~109쪽

독해 학습

1 예루살렘
2 ③, ④
3 ①
4 ④
5 ① 살라딘 ② 십자군

어휘 학습

6 (1) ② (2) ① (3) ③
7 (1) 자자하다 (2) 관대하다 (3) 고군분투

독해 학습

1 이 글은 살라딘에 대한 이야기입니다. 이슬람 제국의 살라딘은 십자군을 물리치고 예루살렘을 차지하였습니다.

2 살라딘은 십자군으로부터 예루살렘을 되찾은 뒤, 항복한 십자군 병사들을 안전하게 집으로 돌아갈 수 있도록 하라고 명령을 내렸습니다. 또한, 리처드 1세와 협상한 대로 예루살렘의 크리스트교 신자를 보호하였습니다.

오답 피하기

① 살라딘은 이슬람군을 이끄는 장군이었습니다.
② 살라딘은 크리스트교를 믿는 평범한 사람들의 재산과 생명에는 손을 대지 않았습니다.

3 '사자의 심장'은 영국 왕 리처드 1세의 별명입니다.

4 살라딘은 교묘한 전략을 써서 십자군을 밀어붙였지만, 리처드 1세를 죽이지는 않았습니다.

5 이슬람 제국의 장군 ① 살라딘은 예루살렘을 십자군에게서 되찾았습니다. 이 소식에 영국 왕 리처드 1세는 ② 십자군에 참여해 예루살렘으로 향했습니다. 리처드 1세는 전쟁에서 용맹을 떨쳤지만, 살라딘의 교묘한 전략에 밀려 결국 예루살렘을 포기하고 협상을 요청할 수밖에 없었습니다.

24 교황, 엄청난 굴욕을 맛보다

본문 110~113쪽

독해 학습

1 ④
2 ③
3 ④
4 아비뇽 유수
5 약해졌다, 아비뇽

어휘 학습

6 (1) ① (2) ③ (3) ②
7 (1) ① (2) ③ (3) ②

독해 학습

1 이 글은 아비뇽 유수가 일어난 과정을 다루었습니다. 이 사건을 계기로 교황의 권위는 추락했습니다.

2 아비뇽에 오랫동안 붙잡혀 있었던 사람은 교황입니다.

3 십자군 전쟁의 패배로 교황은 크게 힘을 잃었습니다. 이렇게 힘없는 교황이 자신에게 맞선 필리프 4세를 하느님의 이름으로 파문하겠다고 하자, 기사는 이 말을 우습게 여기고 교황의 뺨을 때렸습니다.

4 필리프 4세 때부터 교황은 아비뇽에 약 70년간 머물며 프랑스 왕의 명령을 따라야 하는 신세가 되었습니다. 이 사건이 바로 '아비뇽 유수'로, 아비뇽 유수로 인해 교황의 권위는 더욱 크게 떨어졌습니다.

5 십자군 전쟁 이후 교회의 권위는 약해졌습니다. 프랑스 국왕 필리프 4세는 나라의 금고를 채우기 위해 교회에 세금을 걷으려 했고, 교황은 크게 반발했습니다. 하지만 교황은 필리프 4세가 보낸 기사에게 뺨을 얻어맞는 모욕을 당하고 세상을 떠났습니다. 이후 필리프 4세는 새로 뽑은 교황을 프랑스의 아비뇽에 머물게 하며 70년 가까이 붙잡아 두었습니다. 이 사건을 아비뇽 유수라고 부릅니다.

어휘 학습

7 (1) 이 문장에서 '유수'는 세월이 흐르는 물처럼 빠르다는 뜻으로 쓰였습니다.
(2) 이 문장에서 '유수'는 세계에서 손꼽히는 훌륭한 대학을 졸업했다는 뜻으로 쓰였습니다.
(3) 이 문장에서 '유수'는 유대인들을 바빌론에 잡아 가두었다는 뜻으로 쓰였습니다.

25 흑사병, 사람을 수천만 명이나 죽이다

본문 114~117쪽

독해 학습

1 ③ 2 ④
3 ② 4 ④
5 흑사병

어휘 학습

6 (1) ① (2) ② (3) ③ 7 (1) 애원 (2) 가망

독해 학습

1 옛 유럽에서 유행했던 흑사병은 수많은 생명을 앗아갔습니다. 그리고 지금도 인류 역사상 가장 무서웠던 전염병 중 하나로 손꼽힙니다.

2 이때 흑사병은 뚜렷한 치료법이 없었습니다. 그래서 수천만 명이 속수무책으로 목숨을 잃었습니다.

3 의사가 아니라 십자가를 지고 길을 따라 행진하던 사람들이 흑사병은 하느님의 벌이니 기도해야 나을 수 있다고 주장했습니다.

4 의사는 흑사병이 신이 내린 벌이라 주장하며 십자가를 지고 채찍으로 자신의 몸을 때리는 사람들에게 이럴수록 상태가 나빠질 뿐이라며 극구 말렸습니다.

5 옛날 유럽에는 무시무시한 전염병이 돌았습니다. 이 병에 걸린 사람은 며칠 내로 온몸이 새까매진 채 죽음을 맞았기 때문에, 사람들은 이 병을 흑사병이라 불렀습니다. 흑사병은 온 유럽을 휩쓸었고, 그 결과 수천만 명의 사람이 목숨을 잃었습니다.

26 칭기즈 칸, 세계 정복에 나서다

본문 120~123쪽

독해 학습

1 몽골 제국 2 ①, ④
3 ② 4 ③
5 ① 칭기즈 칸 ② 테무친

어휘 학습

6 (1) ① (2) ② (3) ③ 7 (1) ② (3) ①

독해 학습

1 칭기즈 칸은 오랜 시련을 딛고 몽골 부족을 통일하고 몽골 제국을 세웠습니다.

2 칭기즈 칸의 원래 이름은 테무친입니다. 칭기즈 칸은 능력 있는 사람이라면 출신을 가리지 않고 자신의 부하로 삼았습니다.

오답 피하기

② 칭기즈 칸의 아버지는 칭기즈 칸이 어렸을 때 세상을 떠났습니다.

③ 칭기즈 칸은 1206년에 몽골 부족을 하나로 통일하였습니다.

3 몽골군은 누구나 말타기에 뛰어났습니다. 그래서 말을 타고 달리면서도 두 손으로 쉽게 활을 쏘았습니다.

4 칭기즈 칸의 아버지가 세상을 떠난 뒤, 아버지의 부하들과 친척들은 칭기즈 칸을 돕기는커녕 모두 곁을 떠났습니다.

5 몽골 제국을 세운 ① 칭기즈 칸의 원래 이름은 ② 테무친이었습니다. 테무친은 어릴 때 이웃 부족의 음모로 아버지를 잃었습니다. 그리고 어른이 될 때까지 갖은 고생을 해야 했습니다. 어른이 된 테무친은 겨우겨우 부족을 꾸려 세력을 키우는 데 힘썼고, 결국 몽골 부족을 통일하게 되었습니다. 몽골족은 테무친에게 '위대한 왕'이란 뜻을 가진 '칭기즈 칸'이라는 호칭을 바쳤습니다.

어휘 학습

7 (1) 이 문장에서 '비상'은 바다 위로 갈매기가 높이 날아올랐다는 뜻으로 쓰였습니다.
(2) 커다란 산불이 난 긴급한 상황이므로, 이 문장에서 '비상'은 뜻밖의 급한 상황을 가리킵니다.

27 쿠빌라이, 중국의 지배자가 되다

본문 124~127쪽

독해 학습

1 쿠빌라이　　2 ②

3 (1) ○ (2) X (3) X (4) ○　4 ①

5 ① 몽골 제국 ② 원나라

어휘 학습

6 (1) ③ (2) ② (3) ①　　7 파죽지세

독해 학습

1 이 글은 쿠빌라이의 남송 정복을 다루고 있습니다. 칭기즈 칸의 후손 쿠빌라이는 몽골 제국의 영토를 중국 북부까지 넓혔고, 남송을 정복해 완전히 중국을 다스리게 되었습니다.

2 몽골 부족을 통일한 사람은 쿠빌라이가 아니라 칭기즈 칸입니다.

3 (2) 원나라에서 가장 수가 많은 민족은 남송의 한족이었습니다.
(3) 원나라에서 가장 지위가 높은 민족은 몽골족이었습니다.

4 몽골 제국의 군사는 대부분 말을 타고 달리는 기병이었습니다.

5 칭기즈 칸의 손자 쿠빌라이가 ① 몽골 제국의 칸이 되었습니다. 쿠빌라이는 중국 북부까지 세력을 넓히고 ② 원나라를 세웠습니다. 그리고 중국 남부의 남송을 정복하기 위해 전쟁을 벌였습니다. 남송은 쿠빌라이에 맞서 싸웠습니다. 하지만 6년간의 전쟁 끝에 쿠빌라이는 결국 남송을 무너뜨렸고, 쿠빌라이의 원나라는 중국 역사상 최초로 이민족으로서 중국 전체를 다스리게 되었습니다.

어휘 학습

7 '파죽지세'는 적을 거침없이 물리치고 쳐들어가는 기세를 뜻합니다. 주로 전쟁이나 시합에서 막강한 기세로 잇따라 승리를 거두었을 때 쓰는 표현입니다.

28 마르코 폴로, 신비한 아시아의 이야기를 전하다

본문 128~131쪽

독해 학습

1 ④　　2 ③

3 ④　　4 ①, ②

5 ① 마르코 폴로 ② 동방견문록

어휘 학습

6 (1) ② (2) ③ (3) ①

7 (1) 종횡무진 (2) 갈증 (3) 귀환

독해 학습

1 마르코 폴로의 아시아 여행을 다룬 글입니다. 마르코 폴로는 유럽 사람들에게 아시아를 여행하며 보고 들은 것들을 들려주었습니다. 마르코 폴로의 이야기는 《동방견문록》이라는 책으로 엮여 널리 퍼졌습니다.

2 마르코 폴로와 아버지가 여행한 곳은 아시아였습니다.

3 중국 원나라를 방문한 마르코 폴로는 황제의 제안을 받아들여 황제의 신하가 되었습니다. 이후 오랫동안 머물며 아시아 여러 곳을 여행하였습니다.

4 마르코 폴로는 아시아로 향하며 원나라를 방문하였고, 돌아가면서는 동남아시아 여러 나라와 인도를 방문하였습니다.

5 이탈리아 상인이었던 ① 마르코 폴로는 약 20년 동안 아시아를 여행했습니다. 고향으로 돌아온 뒤에는 자신의 여행 이야기를 유럽 사람들에게 들려주었습니다. 이 이야기는 《② 동방견문록》이라는 책으로 만들어져 유럽에서 큰 인기를 얻었습니다. 이 책을 본 유럽 사람들은 아시아에 대한 환상을 키웠습니다.

29 세상에서 가장 돈이 많았던 왕, 만사 무사

본문 132~135쪽

독해 학습

1 ② 2 ③
3 ③ 4 ④
5 ① 말리 왕국 ② 만사 무사

어휘 학습

6 (1) ③ (2) ① (3) ②
7 (1) 드물다 (2) 치장 (3) 구걸

독해 학습

1 이 글은 만사 무사의 메카 순례 여행을 다루고 있습니다. 말리 왕국의 왕 만사 무사는 신앙심 깊은 이슬람교 신자로, 황금으로 치장한 순례 행렬을 꾸려 이슬람교의 성지 메카로 향했습니다.

2 만사 무사는 말리 왕국과 자신의 이름이 널리 알려지지 않은 것을 못마땅하게 여겼습니다.

3 만사 무사는 나라와 자신의 이름을 세계에 널리 알리기 위해 황금으로 치장하고 순례 여행에 나섰습니다.

4 말리 왕국은 아프리카 대륙에 있었습니다. 말리 왕국으로 가려면 험한 바다를 건너거나 끝없는 사하라 사막을 건너야 했습니다. 그래서 말리 왕국을 찾는 사람이 적었고, 말리 왕국에 대해 아는 사람도 드물었습니다.

5 옛날 아프리카 대륙에 있었던 ① 말리 왕국은 황금이 아주 풍부한 나라였으나 세상에 잘 알려지지 않았던 나라였습니다. 말리 왕국의 왕 ② 만사 무사는 말리 왕국과 자신의 이름을 세계에 널리 알리기 위해 메카로 가는 순례 여행을 계획했습니다. 만사 무사는 온통 금으로 치장한 채 메카로 향하며 사람들에게 자신이 가진 황금을 나누어 주었습니다. 그 덕분에 만사 무사는 아주 유명해졌습니다.

30 프랑스를 구원한 소녀 잔 다르크

본문 136~139쪽

독해 학습

1 천사, 프랑스를 2 (1) ○ (2) ○ (3) ○ (4) X
3 ③ 4 ④
5 ① 잔 다르크 ② 프랑스

어휘 학습

6 (1) ② (2) ① (3) ③ 7 (1) 체포 (2) 한창 (3) 돌진

독해 학습

1 백년 전쟁이 한창일 당시, 잔 다르크는 천사의 계시를 받고 전쟁에 뛰어들어 프랑스를 위기에서 구해냈습니다.

2 (4) 잔 다르크는 천사에게 전쟁에 나가 프랑스를 구하라는 계시를 받았습니다.

3 백년 전쟁은 영국 왕이 프랑스 왕위를 빼앗기 위해 일으킨 전쟁입니다.

오답 피하기

① 백년 전쟁은 116년 동안 벌어진 전쟁입니다.
② 전쟁 초반에는 영국이 무척 유리했습니다.
④ 한때 프랑스는 국왕이 수도를 버리고 멀리 도망가야 할 정도로 궁지에 몰려 있었습니다.

4 프랑스 국왕은 천사의 계시를 받았다는 잔 다르크의 말을 믿을 수 없었습니다. 그래서 잔 다르크가 정말로 천사의 계시를 받았는지 신통력을 확인하기 위해 하인과 옷을 바꿔입었습니다.

5 프랑스와 영국 사이에서 백년 전쟁이 한창이었을 때, 프랑스는 수도를 버리고 도망가야 할 정도로 궁지에 몰려 있었습니다. 이때 ① 잔 다르크가 나타나 자신이 천사의 계시를 들었다고 말했습니다. 프랑스 왕은 잔 다르크가 정말로 계시를 받았는지 시험했고, 결국 잔 다르크에게 군사를 주었습니다. 잔 다르크의 활약으로 ② 프랑스는 영국에게 승리를 거두었습니다. 하지만 잔 다르크는 모함을 받아 마녀로 몰렸고, 결국 억울한 죽음을 당했습니다.

역사 놀이터 정답

본문 30쪽

역사 놀이터

▶ 정답 17쪽

미로 탈출하며 핵심어 찾기!

아이들이 용선생을 만나러 가는 길에 본 핵심어를 빈칸에 순서대로 써 보세요. 그리고 핵심어에 알맞은 설명을 찾아 연결해 보세요.

의 핵심어 삼고초려 — 유비가 제갈량의 집을 세 번 찾아갔다는 이야기에서 유래한 고사성어야.

의 핵심어 현장 스님 — 불경을 공부하러 인도로 떠났던 당나라의 스님이야.

의 핵심어 측천무후 — 중국 최초의 여자 황제야. 원래 당나라의 황후였지만, 아들의 양보로 황제가 됐지.

30 용선생 15분 세계사 독해 2권

본문 52쪽

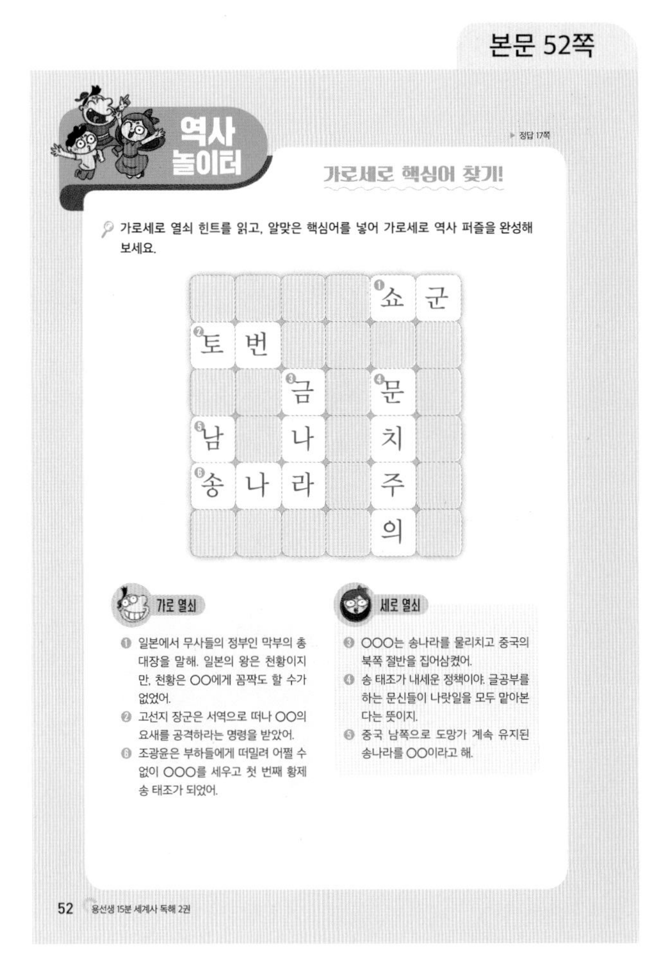

역사 놀이터

▶ 정답 17쪽

가로세로 핵심어 찾기!

가로세로 열쇠 힌트를 읽고, 알맞은 핵심어를 넣어 가로세로 역사 퍼즐을 완성해 보세요.

				❶쇼	군
❷토	번				
		❸금		❹문	
❺남		나		치	
❻송	나	라		주	
				의	

가로 열쇠

❶ 일본에서 무사들의 정부인 막부의 총대장을 말해. 일본의 왕은 천황이지만, 천황은 OO에게 꼼짝도 할 수가 없었어.

❷ 고선지 장군은 서역으로 떠나 OO의 요새를 공격하라는 명령을 받았어.

❻ 조광윤은 부하들에게 떠밀려 어쩔 수 없이 OOO를 세우고 첫 번째 황제 송 태조가 되었어.

세로 열쇠

❸ OOO는 송나라를 물리치고 중국의 북쪽 절반을 집어삼켰어.

❹ 송 태조가 내세운 정책이야. 글공부를 하는 문신들이 나랏일을 모두 맡아본다는 뜻이지.

❺ 중국 남쪽으로 도망가 계속 유지된 송나라를 OO이라고 해.

52 용선생 15분 세계사 독해 2권

본문 74쪽

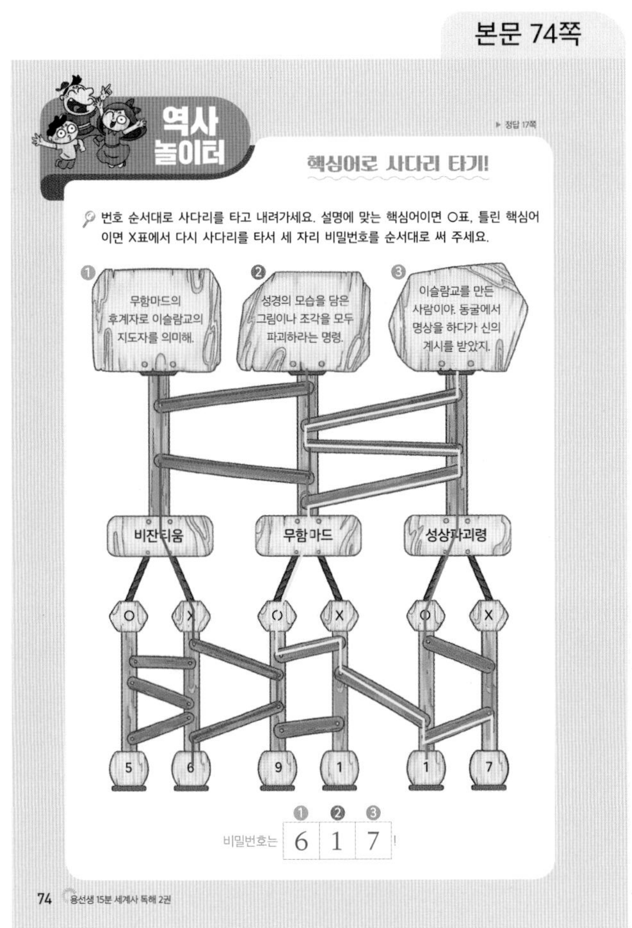

역사 놀이터

▶ 정답 17쪽

핵심어로 사다리 타기!

번호 순서대로 사다리를 타고 내려가세요. 설명에 맞는 핵심어이면 O표, 틀린 핵심어이면 X표에서 다시 사다리를 타서 세 자리 비밀번호를 순서대로 써 주세요.

비밀번호는 ❶ 6 ❷ 1 ❸ 7 !

74 용선생 15분 세계사 독해 2권

본문 96쪽

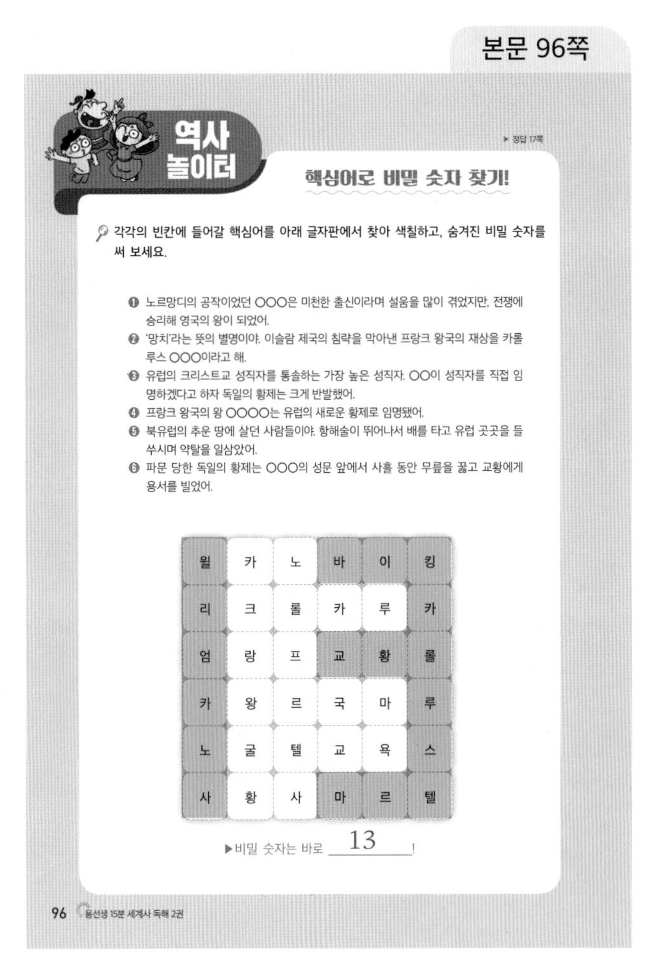

역사 놀이터

▶ 정답 17쪽

핵심어로 비밀 숫자 찾기!

각각의 빈칸에 들어갈 핵심어를 아래 글자판에서 찾아 색칠하고, 숨겨진 비밀 숫자를 써 보세요.

❶ 노르망디의 공작이었던 OOO은 미천한 출신이라며 설움을 많이 겪었지만, 전쟁에 승리해 영국의 왕이 되었어.

❷ '망치'라는 뜻의 별명이야. 이슬람 제국의 침략을 막아낸 프랑크 왕국의 재상을 카롤루스 OOO이라고 해.

❸ 유럽의 크리스트교 성직자를 통솔하는 가장 높은 성직자. OO이 성직자를 직접 임명하겠다고 하자 독일의 황제는 크게 반발했어.

❹ 프랑크 왕국의 왕 OOOO는 유럽의 새로운 황제로 임명됐어.

❺ 북유럽의 추운 땅에 살던 사람들이야. 항해술이 뛰어나서 배를 타고 유럽 곳곳을 들쑤시며 약탈을 일삼았어.

❻ 파문 당한 독일의 황제는 OOO의 성문 앞에서 사흘 동안 무릎을 꿇고 교황에게 용서를 빌었어.

윌	카	노	바	이	킹
리	크	롤	카	루	카
엄	랑	프	교	황	롤
카	왕	르	국	마	루
노	굴	텔	교	육	스
사	황	사	마	르	텔

▶비밀 숫자는 바로 13 !

96 용선생 15분 세계사 독해 2권

본문 118쪽

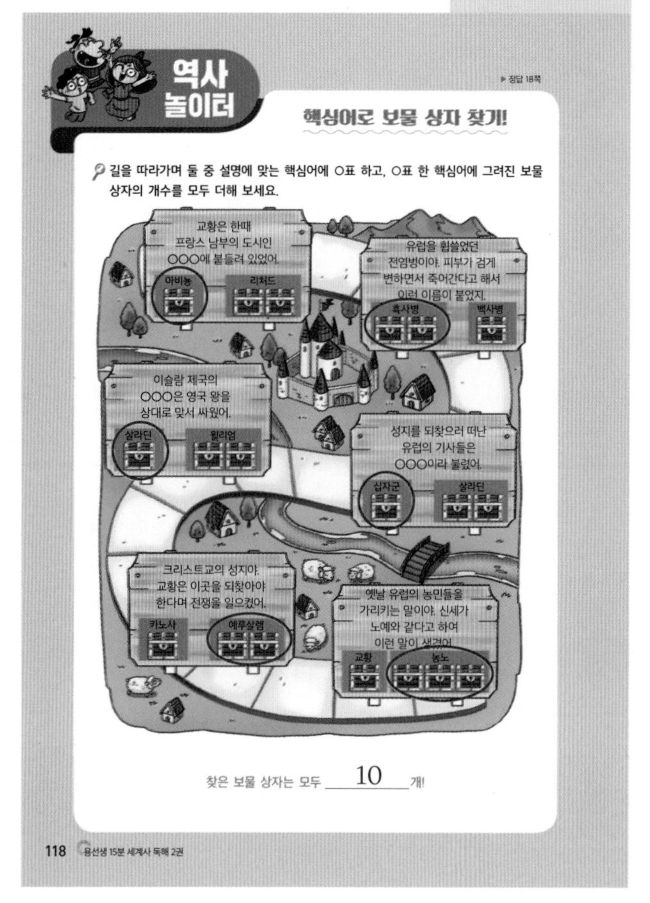
역사 놀이터
▶ 정답 18쪽
핵심어로 보물 상자 찾기!
길을 따라가며 둘 중 설명에 맞는 핵심어에 O표 하고, O표 한 핵심어에 그려진 보물 상자의 개수를 모두 더해 보세요.
교황은 한때 프랑스 남부의 도시인 OOO에 붙들려 있었어.
아비뇽
리처드
유럽을 휩쓸었던 전염병이야. 피부가 검게 변하면서 죽어간다고 해서 이런 이름이 붙었지.
흑사병
백사병
이슬람 제국의 OOO은 영국 왕을 상대로 맞서 싸웠어.
살라딘
윌리엄
성지를 되찾으러 떠난 유럽의 기사들은 OOO이라 불렸어.
십자군
살라딘
크리스트교의 성지야. 교황은 이곳을 되찾아야 한다며 전쟁을 일으켰어.
카노사
예루살렘
옛날 유럽의 농민들을 가리키는 말이야. 신세가 노예와 같다고 하여 이런 말이 생겼어.
교황
농노
찾은 보물 상자는 모두 10 개!
118 용선생 15분 세계사 독해 2권

본문 140쪽

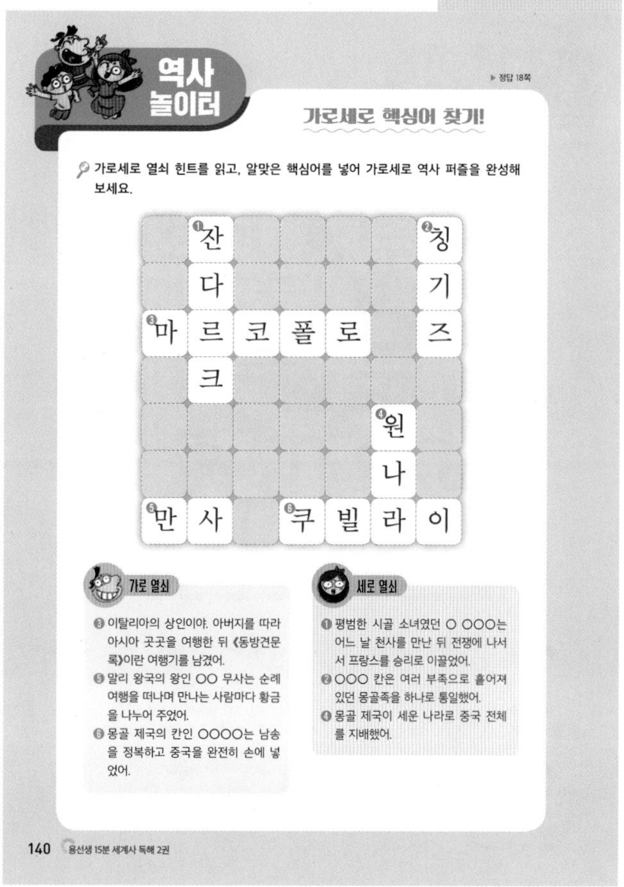
역사 놀이터
▶ 정답 18쪽
가로세로 핵심어 찾기!
가로세로 열쇠 힌트를 읽고, 알맞은 핵심어를 넣어 가로세로 역사 퍼즐을 완성해 보세요.
잔
다
르
크
징
기
즈
마르코 폴로
원
나
만사
쿠빌라이
가로 열쇠
❸ 이탈리아의 상인이야. 아버지를 따라 아시아 곳곳을 여행한 뒤 《동방견문록》이란 여행기를 남겼어.
❺ 말리 왕국의 왕인 OO 무사는 순례 여행을 떠나며 만나는 사람마다 황금을 나누어 주었어.
❻ 몽골 제국의 칸인 OOOO는 남송을 정복하고 중국을 완전히 손에 넣었어.
세로 열쇠
❶ 평범한 시골 소녀였던 O OOO는 어느 날 천사를 만난 뒤 전쟁에 나서서 프랑스를 승리로 이끌었어.
❷ OOO 칸은 여러 부족으로 흩어져 있던 몽골족을 하나로 통일했어.
❹ 몽골 제국이 세운 나라로 중국 전체를 지배했어.
140 용선생 15분 세계사 독해 2권

MEMO

M E M O

세계사와 독해력을 한번에 잡는다!

1
인물로 다지는 세계사 기초!

중학교 들어가면 세계사를 배우잖아요.
세계사를 시작해야 하는 초등 고학년에게 이 교재를 강력 추천합니다!
흥미로운 인물 이야기로 부담 없이 세계사 전체를 훑어볼 수 있어요.

강가애 선생님 (반포 <생각의 탄생> 원장) ★★★★★

2
비문학 독해력 향상!

아이가 동화책만 읽어서 고민했는데
이 교재는 비문학인데도 이야기체라서 술술 읽었어요.
독해 문제도 풀고 어휘까지 꼼꼼히 챙기니 비문학 독해에 자신감이 생겼어요.

초등 4학년 학부모 김O은 ★★★★★

3
배경지식 확장!

아이가 호기심이 생겼는지 "다음 이야기가 궁금해! 찾아볼래!"라고 했어요.
이 책은 다양한 분야의 인물을 통해 폭넓은 배경지식을 얻을 수 있는
좋은 교재란 생각이 들어요.

초등 5학년 학부모 최O선 ★★★★★

4
자기 주도 학습 능력 신장!

공부할 때 산만하던 아이가 시키지 않아도 매일 15분씩 혼자 쭉쭉 풀었어요.
"더 하면 안 돼? 너무 재밌어!"라고 하더라고요.
책상에 앉아서 첫 공부를 이걸로 하니까 학습 습관이 잡혔어요.

초등 3학년 학부모 임O현 ★★★★★

초등학교		
학년	반	번
이름		